HEYNE <

Karl Häusler

Der Tod ist weiblich

Authentische Kriminalfälle

WILHELM HEYNE VERLAG
MÜNCHEN

Umwelthinweis:
Dieses Buch wurde auf chlor- und säurefreiem Papier gedruckt.

Taschenbucherstausgabe 12/2004

Der Wilhelm Heyne Verlag, München, ist ein Verlag der
Verlagsgruppe Random House GmbH
www.heyne.de
Printed in Germany 2004
Umschlaggestaltung: Hauptmann und Kampa Werbeagentur,
München – Zürich
Umschlagillustration: getty-images/Nick Dolding und getty-images/
Thinkstock
Satz: ew print & medien service gmbh, Würzburg
Druck und Bindung: GGP Media GmbH, Pößneck

ISBN 3-453-60002-9

Inhalt

In diesem Buch berichte ich ausschließlich über Mord und Totschlagfälle, in die Frauen als Täterinnen oder Helferinnen verstrickt waren. Die Frage nach der Frau bei Strafermittlungsverfahren ist heute wie gestern aktuell und gewinnt im Zuge der fortschreitenden Emanzipation auch in der Betrugs- und Wirtschaftskriminalität immer mehr an Bedeutung. Wie ist es aber bei Mordfällen mit der »Suche nach der Frau«, dem so genannten »Cherchez la Femme«? »Fast jedem älteren Kriminalisten ist es zur Gewohnheit geworden, auch die Frau im Straffall zu suchen; es kann dies allerdings zu Fehlern und Irrtümern führen, aber aus dem Auge lasse man das ›Cherchez la Femme‹ doch niemals«, führte schon der Altmeister der Kriminalistik Dr. Hans Groß in seinem 1898 erschienenen »Handbuch für den Untersuchungsrichter« aus.

So gibt es viele Beispiele für Tötungshandlungen durch Frauen aus Eifersucht oder enttäuschter Liebe. Wo und wann aber hat eine Frau etwa allein aus Mordlust, zur Befriedigung ihres Geschlechtstriebes oder aber, um eine andere Straftat zu verdecken, alles Tatbestandsmerkmale des Mordparagrafen 211 StGB, getötet? Sind Frauen zu ebenso emotionslosen und bestialischen Tötungsdelikten fähig wie Männer? Obwohl sie sich mehren, sind von Frauen begangene Kapitalverbrechen doch vergleichsweise selten. Darum werden sie auch mit weit mehr Aufmerksamkeit verfolgt, im Besonderen dann, wenn der Lebenswandel der Täterinnen nicht den allgemein geltenden Vorstellungen entspricht. Das verständliche Interesse hat dabei häufig eine lustvoll-grausame Komponente, die Gier nach Sensation und dumpfer Rachsucht.

Unter den neun in diesem Buch zusammengetragenen, authentischen Kriminalfällen aus den 1960er–1980er Jahren, von denen ich den größten Teil in meiner Laufbahn vom Kriminalinspektor bis zum Kriminaldirektor hautnah miterlebt habe, finden sich daher auch Geschichten, die monatelang durch die Presse geisterten und eine breite Öffentlichkeit beschäftigten. Erwähnt seien hier nur die Selbstjustiz einer Mutter, die in Lübeck den Mörder ihrer kleinen Tochter im Gerichtssaal tötete, und der Münchner Prozess gegen eine bekannte Schauspielerin, die ihren untreuen Geliebten erschoss.

In den erfassten Fallschilderungen will ich der Frage nachgehen, was die Täterinnen zu diesen extremen Handlungen trieb. Zudem möchte ich die Arbeit der Kriminalisten und Gerichte bei der Rekonstruktion von Tathergängen veranschaulichen und ihre häufig akribische Kleinarbeit darstellen.

Karl Häusler

Kapitel 1

Ein Frauentrio als Mörder

Stefanie Phillip war ein typisch verwöhntes Einzelkind aus begütertem Haus. Die Eltern stimmten nur zähneknirschend zu, als ihr Kind mit 17 Jahren bereits heiraten wollte. Stefanie hatte sich den zwölf Jahre älteren kaufmännischen Angestellten Wolfgang Phillip zum Ehemann ausgesucht. Das Paar zog in eine eigene Wohnung und richtete sich mit erheblicher finanzieller Unterstützung der Eltern modern ein. Drei Jahre später kam Tochter Nicole zur Welt, trotz der Freude über das gemeinsame Kind verdeutlichten sich schon bald partnerschaftliche Probleme.

Die Girokonten der beiden jungen Leute waren permanent überzogen, trotzdem aber kannten sie keine Geldsorgen. Stefanies Vater, der seiner Tochter schon einmal 10 000 Mark schenkte, damit sie mit dem Rauchen aufhöre, war ja in der Not immer da.

Stefanie Phillip wollte nicht Zuhause angebunden sein. Sie wollte das Leben genießen. Die attraktive Frau, die gewohnt war, alles zu bekommen, was sie begehrte, wollte ausgehen und sich vergnügen. Das aber passte dem Ehemann, unterdessen Kaufhausabteilungsleiter, gar nicht. Die junge Ehe war von Disharmonie überschattet. Stefanie wollte sich bereits ein Jahr nach der Geburt ihres Kindes scheiden lassen. Aber Wolfgang Phillip willigte nicht ein. Im Gegenteil, er nötigte sie, den Scheidungsantrag zurückzunehmen und drohte ihr, ihren Arbeitgeber davon zu unterrichten, dass sie einer Arbeitskollegin bei einer Unterschlagung geholfen habe. Das hätte natürlich den Verlust ihrer Arbeitsstelle zur Folge gehabt. Nur deshalb schickte sich Stefanie auch weiterhin in den ihr immer unerträglicher werdenden Ehetrott.

Wolfgang Phillip zeigte kein Verständnis dafür, dass es seine Angetraute, die unter Freunden wegen der Lust am flotten Leben »Flippy« genannt wurde, auch abends hinausdrängte zu anderen Menschen. Immerhin ließ er sie zweimal in der Woche allein ausgehen. Das reichte ihr aber nicht, und so kam es, dass Wolfgang sie schon einmal einsperrte oder in voller Ausgehkleidung unter die Brause stellte, um ihr das Fortgehen unmöglich zu machen.

Auch in sexueller Beziehung gab es Komplikationen, da Stefanie nach der Geburt ihres Kindes mit ihrem Mann nicht mehr geschlechtlich verkehren wollte. Der aber erzwang sich, wie Stefanie später aussagen wird, den Verkehr mit Schlägen. Da kam der lebenslustigen Stefanie erstmals der Gedanke, ihren Ehemann »auszuschalten«. An eine Scheidung dachte sie dabei nicht mehr, denn nach ihrer Ansicht reichte eine Ohrfeige oder »mal schütteln« dem Familienrichter wohl nicht aus, um eine Scheidung auszusprechen.

Stefanie verschaffte sich starke Schlafmittel, mit deren

Hilfe sie, wenn ihr wieder zum Ausgehen zumute war, ihren Mann in tiefen Schlummer versenkte. Eine befriedigende Lösung war das freilich auf Dauer auch nicht.

Nachdem sich herausgestellt hatte, dass Wolfgang Phillip ihrer Vorstellung vom Leben im Weg stand, sann Flippy darüber nach, wie sie sich endgültig von ihrem Mann befreien konnte. Erst wollte sie mit ihrem Mann gemeinsam im Auto an einen Baum fahren – auch auf die Gefahr hin, dabei selbst ums Leben zu kommen. Dann beschloss sie, ihm einen angeschlossenen Fön in die Badewanne zu werfen, traute sich dann aber doch nicht.

Gute Freundinnen

Seit längerem schon war Stefanie Phillip mit der ein Jahr älteren Bürogehilfin Susanne Satzberger und der gleichaltrigen Hauswirtschafterin Ulrike Freitag befreundet.

Die Teakwondokämpferin Susanne, genannt »Sunny«, und die in sich gekehrte, arbeitslose Uschi lebten in lesbischer Beziehung miteinander in einer Wohnung. Und beide hatten offensichtlich ein Auge auf die schöne Flippy geworfen. Später wird Susanne Satzberger zugeben, dass sie »hinter Stefanie hergewesen« sei, und Ulrike Freitag wird aussagen, dass sie in Stefanie Phillip eine »verhasste Rivalin« sah. Diese wird einräumen, dass sie »eine Nacht mit Susanne Satzberger verbracht« habe. Es sei aber nichts geschehen. Sie habe gemerkt, »dass dies nicht ihre Sache ist«, und sie für eine solche Beziehung nicht geeignet sei.

Stefanie Phillip hatte ihre beiden Freundinnen in ihren Plan, Wolfgang zu beseitigen, eingeweiht, und sie fand in ihnen erfinderische Ratgeberinnen. Das Trio sann gemeinsam darüber nach, auf welche Weise der verhasste Mann ins Jenseits befördert werden konnte.

Zunächst sollte Sunny LSD besorgen, das man dem Mann heimlich in den Kaffee geben wollte, damit er selbst mit dem Auto verunglückt. Der Plan wurde aber wieder verworfen. Dann wollten die drei Frauen den Mann mit einer schweren Cola-Flasche erschlagen. Flippy sollte ihren Mann abends zu einem Parkplatz fahren, ihn unter einem Vorwand aus dem Auto locken und ihm eine Literflasche Cola über den Kopf schlagen. Die dort wartende Sunny würde dann mit einem Messer den Rest besorgen. Wieder traute sich Flippy nicht und wurde am nächsten Tag von ihren Freundinnen deswegen beschimpft.

Nach Unfall, Fön, LSD-Trip, Erschlagen und Erstechen kam das Trio auf den Plan, der später auch verwirklicht wurde.

Die Generalprobe für einen Mord

Zunächst war es nur eine fixe Idee, die aber dann immer konkretere Formen annahm. Der Mann sollte betrunken gemacht und dann im Auto zu einer entlegenen Stelle gebracht werden, wo man ihn mit einem Nylonspringseil gemeinsam erdrosseln wollte.

Ulrike Freitag war für die Tat zunächst nicht zu haben.

Als Stefanie Phillip, die mit der Auszahlung von 120 000 Mark aus der Lebensversicherung ihres Mannes endlich einmal schuldenfrei sein wollte, ihr aber 10 000 Mark und eine Waschmaschine versprach, war sie zum Mitmachen bereit. Doch je konkreter die Pläne wurden, umso mehr bekam Uschi Angst. Als sie andeutete, dass sie aussteigen wolle, verabreichte ihr Susanne eine Tracht Prügel. Mit der Drohung, sie abermals zu schlagen, brachte die dominierende Sunny ihre Partnerin Uschi dazu, weiter mitzumachen.

Um sicher zu gehen, dass alles klappte, hielten die drei jungen Frauen einige Tage vorher in einem Waldstück bei Ansbach eine Generalprobe ab. Stefanie Phillip fuhr das Auto auf einen Parkplatz und setzte sich auf den Beifahrersitz. Ulrike Freitag und Susanne Satzberger legten ihr vom Rücksitz aus das Seil um den Hals und zogen zu.

Nachdem die Frauen sich überzeugt hatten, dass es funktionieren würde, schritten sie einen Tag später zur Tat. Aber Stefanie Phillip brach diesen ersten ernsthaften Versuch ab, weil ihr Mann nach ihrer Einschätzung nicht genügend Alkohol getrunken hatte, und seine Sinne noch nicht so benebelt waren, wie sie es für die Tat als notwendig erachtete.

Die Tat

Am 31. März 1987 war es dann soweit. Noch einmal wurde der Plan diskutiert, dann holte Stefanie Phillip ihren Mann von seinem Arbeitsplatz ab. Beide fuhren zunächst nach

Hause, duschten gemeinsam und tranken Kaffee. Zusammen mit Uschi brachen die beiden dann zu einer Kneipentour in Ansbach auf. Es wurde reichlich Bier und Asbach-Cola getrunken, in der nächsten Bar acht Amaretto (Mandellikör) und im dritten Lokal Bier und Metaxa. Der vollkommen ahnungslose Wolfgang Phillip war erheblich betrunken, als er als Beifahrer zu den beiden Frauen ins eigene Auto einstieg. Auch die Frauen waren nicht mehr nüchtern. Später wird ein Sachverständiger feststellen, dass Flippy 1,53 Promille und Uschi gar 3,3 Promille Alkohol im Blut hatten. Stefanie Phillip setzte sich ans Steuer und fuhr in Richtung »Feuchtlachholz«.

Susanne hatte bei dem Zug durch die Kneipen nicht mitgemacht, weil sie den Ehemann ihrer Favoritin für sexuelle Spiele nicht mochte. Sie wartete vielmehr vor dem letzten Lokal in ihrem Auto und fuhr dann hinter dem Zechtrio her. Es ging zu dem bei der Generalprobe ausgesuchten Parkplatz am Rand des Waldstücks »Feuchtlachholz« im Süden von Ansbach. Es war eine halbe Stunde vor Mitternacht. Alles lief so ab, wie es zuvor minutiös besprochen worden war.

Uschi und Sunny schlangen vom Rücksitz aus das Springseil um den Hals des wegen seiner Trunkenheit wehrlosen Mannes und zogen so lange und so fest zu, bis der Mann leblos in sich zusammensank. Flippy, die Ehefrau des Opfers, wirkte vom Fahrersitz aus tatkräftig mit. Der betrunkene Mann muss auch geschlagen worden sein, weil seine Lippen aufgeplatzt, das Kinn geschwollen und aus den Augen Blut ausgetreten war. Das leblose Opfer ließen die Frauen in seinem Auto am Parkplatz liegen. Ulrike Freitag nahm dem Mann die Armbanduhr und eine goldene Kette ab, um einen Raubmord vorzutäuschen. Mit dem Auto von Susanne Satzberger fuhren die drei Frauen nach Ansbach zurück.

Zunächst gingen sie in Sunnys und Uschis gemeinsame Wohnung, um sich dort zu waschen. Blut war auf dem Anorak von Sunny und auf der Jeans von Flippy. Beide Frauen versuchten krampfhaft, die Blutflecken von ihren Kleidungsstücken zu entfernen. Das Mordwerkzeug, das Nylonspringseil, warfen sie in eine Mülltonne, die Armbanduhr fand sich später in einem Gully. Dann gingen alle drei in eine Disco und amüsierten sich.

Am nächsten Tag fuhr Stefanie Phillip mit ihren Eltern nach Luxemburg.

In den Tagen nach dem Mord sorgten zwei in der Heimatzeitung veröffentlichte, anrührende Todesanzeigen für Aufsehen. In der einen Anzeige verabschiedete sich die Ehefrau des Mordopfers zusammen mit anderen Verwandten von ihrem Mann mit den Worten »von uns allen geliebt, war er uns alles«. In der anderen Anzeige äußerten sich die Großeltern im Namen der dreijährigen Tochter des Paares: »Ein böser Mann hat meinen Papa getötet. Ich bin noch zu jung, um das zu verstehen.«

Doch die wahren Hintergründe kamen ans Licht. Die Auswertung der Blut- und Lehmspuren vom Tatort durch das gerichtsmedizinische Institut der Universität Erlangen brachte den dringenden Tatverdacht gegen die Ehefrau des Toten und ihre Freundinnen. Die drei Frauen hatten zunächst behauptet, nach der Zechtour nicht mit dem

Mann zum Tatort am Wald, dem so genannten Rendezvous-Platz, gefahren sondern nach dem Kneipenbummel in der Stadt geblieben zu sein. Nach dem Vorliegen der Untersuchungsergebnisse verhörten die Kriminalbeamten die drei Frauen noch einmal gleichzeitig, aber voneinander getrennt. Stefanie Phillip und Ulrike Freitag legten unter den erdrückenden Beweisen schließlich ein Geständnis ab. Susanne Satzberger blieb hart. Sie stritt eine Tatbeteiligung ab.

Das Frauentrio wurde zehn Tage nach der Tat festgenommen und dem Haftrichter in Nürnberg vorgeführt. Gegen Stefanie Phillip, Ulrike Freitag und Susanne Satzberger wurde am 10. April 1987 Haftbefehl wegen gemeinschaftlichen Mordes erlassen.

Showdown im Gerichtssaal

Im Oktober 1988 mussten sich die drei Frauen als Angeklagte vor der Schwurgerichtskammer des Landgerichts Ansbach wegen gemeinschaftlichen Mordes verantworten. Der Fall erregte zum zweiten Mal Aufsehen in der Residenzstadt. Vor dem viel zu kleinen Gerichtssaal spielten sich tumultartige Szenen ab. Alle wollten das »Luder« sehen, das seinen Ehemann umgebracht hat. Und alle wollten etwas über die lesbische Beziehung der Mittäterinnen erfahren.

Stefanie Phillip, die »Dame« im Trio der ungleichen Freundinnen, genoss den Auftritt im Gerichtssaal offensichtlich. Elegant, im schicken, grauen Hosenanzug mit weißer Rüschenbluse, sorgfältig geschminkt, zog sie sich noch einmal die Lippen nach, schüttelte die blonden, langen Locken und setzte sich für die Fotografen in Positur.

Ulrike Freitag wirkte daneben fast kindlich. Die junge Frau kam aus zerrütteten Familienverhältnissen. Der alkoholkranke Vater war wiederholt gegen die Mutter tätlich geworden. Schon mit 15 Jahren war sie aus der elterlichen Wohnung ausgezogen. Mehrere Jahre hatte sie auch zu ihrer inzwischen geschiedenen Mutter keinen Kontakt mehr. Arbeitslos und somit ohne eigenes Einkommen war sie mehr oder weniger ihrer dominanten Wohn- und Lebenspartnerin ausgeliefert. Im Gerichtssaal saß sie mit ihren kurzen Haaren, Nickelbrille, Jeans, Turnschuhen und einem weißen Sweatshirt in sich gekehrt auf der Anklagebank, schaute scheu nach unten und demonstrierte, dass sie es offensichtlich nicht mehr verstehe, wie sie sich auf die ganze Sache einlassen konnte.

Und schließlich Sunny, die Bürogehilfin Susanne Satzberger. Sie erschien selbstsicher in ihren schwarzen Stresemannhosen, der weißen Schleifenbluse und dem grauen Jackett. Ihr Blick unter den halblangen, blonden Haaren war hart. Sie leugnete von Anfang an jegliche Beteiligung an der Tat.

Das Aufgebot beim Prozess war beträchtlich. 45 Zeugen waren geladen, drei Sachverständige sollten die Angeklagten begutachten. Neben dem Anwalt der Nebenklage bemühten sich sieben Rechtsanwälte – zwei Frauen und fünf Männer – um die Belange der drei Angeklagten. Und zunächst schien alles ganz einfach. Da war das Geständnis von Ulrike Freitag mit den Schilderungen der Einzelheiten der Tat. Auch die Ehefrau des Mordopfers hatte das Verbrechen im Wesentlichen zugegeben. Nur Susanne Satzberger hatte von Anfang an ihre Beteiligung bestritten.

Am ersten Tag der Hauptverhandlung klammerte der Vorsitzende der Schwurgerichtskammer die Vorgeschichte gleich aus und beschränkte sich auf die Erörterung des eigentlichen Verbrechens.

Am zweiten Tag der Gerichtsverhandlung aber belasteten die Angeklagten sich wechselseitig. Wie jede der jungen Frauen erklärte, hätten jeweils die beiden anderen den Mann getötet.

Stefanie Phillip schilderte die Stunden vor der Tat präzise. Sie ging auch auf einige Motive für das grausige Geschehen ein. Mit ruhiger, gefasster, manchmal patziger, fast protokollarisch anmutender Stimme schilderte sie die Vorgänge. Als es aber um die eigentliche Tat und vor allen Dingen darum ging, wer das Seil um den Hals des Opfers gelegt und zugezogen hatte, versagte ihr bis dahin so prächtig funktionierendes Gedächtnis – zumindest, was ihre eigene Rolle betraf. Sie sei aus dem Wagen gestiegen, um unweit entfernt auszutreten. Die Vorgänge im Auto konnte sie angeblich nicht sehen. Uschi habe wohl das eine Seilende gehabt, die dazugekommene Sunny das andere. Sie selbst sei dann auch »irgendwie« hinten im Auto gewesen, habe »aufhören« gerufen, sei aber wieder ausgestiegen, davongelaufen und habe Sunnys Wagen geholt. So viel könne sie aber mit Sicherheit sagen: Sie habe an keinem der beiden Seilenden gezogen und auch nicht auf ihren Mann eingeschlagen. Wörtlich gab Stefanie Phillip zu Protokoll: »Als die anderen dann kamen, habe ich gefragt, ob mein Mann noch lebt. Sie sagten nein, er ist tot.«

Ulrike Freitag hatte bei ihren ersten Vernehmungen die Tat bis in die kleinsten Einzelheiten gestanden und einen großen Teil der Schuld auf sich genommen. Entgegen ihren Aussagen im Vorfeld des Prozesses behauptete sie nun in der Hauptverhandlung, dass sie an der Tötung des Mannes nicht beteiligt gewesen sei. Extremer Alkoholgenuss habe bei ihr zu Erinnerungslücken geführt. Zu dem früheren Geständnis sei sie von Stefanie Phillip und von ihrer Partnerin gezwungen worden.

Susanne Satzberger stritt weiterhin jede Tatbeteiligung ab. Sie sei zwar »hinter Stefanie hergewesen«, habe aber mit dem Tod des Angetrauten ihrer Auserwählten nichts zu tun. Sie habe den Abend bei ihren Eltern verbracht und den Mordplan »nicht ernst genommen«. Sie habe die beiden anderen erst spät in der Tatnacht in »ziemlich lockerer Stimmung« in einer Kneipe getroffen. Im tiefen Hass auf den Mann aber stimmten die Ehefrau und Susanne Satzberger überein. So hatte Susanne auf einem von der Polizei sichergestellten Zettel den Tod des Mannes mit den Worten »ein Arsch weniger« kommentiert.

Die Gutachten

Ein Gutachter des Instituts für Rechtsmedizin in Erlangen rekonstruierte anhand der von ihm ausgewerteten Spuren die Tat. Wie er ausführte, hätten sich am Hals von Wolfgang

Phillip starke und weniger starke Drosselspuren gefunden. Nach seinen Erkenntnissen kann an dem Nylonsprungseil, mit dem das Opfer umgebracht worden ist, sowohl von links hinten als auch von rechts gezogen worden sein. Auch widersprächen die Spuren keineswegs der Annahme, dass das Seil zwischenzeitlich einmal gelockert worden sei. Nicht vorstellen konnte sich der Gutachter dagegen, dass das Sprungseil bei der Tat überkreuzt worden ist. Dann hätten zirkuläre Drosselungsspuren auftreten müssen. Allerdings könne sich das Mordopfer bei der Tat gedreht haben oder durch die Drosselung sofort bewusstlos gewesen sein.

Die Kratzspuren am Hals des Opfers erklärte sich der Gutachter damit, dass Wolfgang Phillip unter Umständen noch versucht hat, eine Hand unter das Nylonseil zu schieben.

An der Leiche waren starke Blutaustritte in den Augen festgestellt worden. Die Lippen waren durch Schläge geplatzt, das Kinn geschwollen. Alles in allem kam der Gutachter zu dem Schluss, dass sich die Spuren durchaus mit dem ursprünglichen Geständnis von Ulrike Freitag in Einklang bringen ließen.

Mit Sicherheit konnte der Gutachter sagen, dass die Blutspuren an der Jeans von Stefanie Phillip mit der Blutgruppe ihres Mannes identisch waren. Ebenso klare Blutspuren waren am Anorak von Susanne Satzberger festgestellt worden. Unklar war dagegen, wer diese Kleidungsstücke zur Tatzeit getragen hatte. Hinweise auf Blutspuren waren auch auf einer Decke, die im Auto von Susanne Satzberger sichergestellt worden war, sowie an einer Bluse von Sunny. Die genaue Blutgruppe aber habe sich nicht mehr taxieren lassen, dazu sei das Spurenmaterial zu gering gewesen.

Der Gutachter zeigte auch die Alkoholisierung von Ulrike Freitag und Stefanie Phillip zur Tatzeit auf. Auf eine Berechnung für Susanne Satzberger, die nicht geständig war, war unverständlicherweise verzichtet worden. Zum Zeitpunkt des Mordes habe Ulrike Freitag einen Blutalkohol von maximal 3,3 Promille aufgewiesen. Der Wert für Stefanie Phillip war mit 1,53 Promille errechnet worden.

Ein psychiatrischer Gutachter hielt die angeklagten Frauen für uneingeschränkt schuldfähig.

Der Anklagevertreter

»Ein Schulbeispiel für einen heimtückischen Mord«, so fasste am achten Verhandlungstag der Staatsanwalt die Ergebnisse der Beweisaufnahme aus der Sicht der Anklagevertretung zusammen. In seinem mit Spannung erwarteten und über zwei Stunden andauernden Plädoyer bezeichnete der Staatsanwalt die Tat »in ihrer Konstellation als einmalig und kaum zu verstehen«. Damit spielte er vor allen Dingen auf die unterschiedlichen Charaktere der drei Frauen an: Hier Stefanie Phillip, attraktiv und gewohnt, alles zu bekommen, dort Ulrike Freitag, in sich gekehrt und mit wenig Glück in ihrem bisherigen Leben, und schließlich Susanne Satzberger, zwar schlecht einzuordnen, jedoch die Härteste und Gefährlichste in dem Dreigestirn. Alle drei Frauen hätten aber nur den einen Wunsch gehabt, das Leben sorglos zu genießen. Eine dominante Rolle, so der Anklagevertreter, habe allerdings Stefanie Phillip gespielt.

Noch einmal erinnerte der Oberstaatsanwalt an die verschiedenen Tötungsarten, die von den angeklagten Frauen ins Spiel gebracht worden waren. Die zunächst fixe Idee, Wolfgang Phillip umzubringen, habe dann jedoch Formen angenommen. Zuletzt sei die »todsichere Idee« geboren worden, das Opfer durch Alkoholgenuss in seiner Abwehrbereitschaft, Kritik- und Wahrnehmungsfähigkeit zu beeinträchtigen, es dann zu dem Parkplatz zwischen Steinbach und Wallersdorf im Süden Ansbachs zu fahren und dort im Auto zu erdrosseln. »Alles lief ab, wie es zuvor minutiös besprochen worden war«, betonte der Staatsanwalt. Das Opfer habe »absolut keine Chance gehabt«.

Für den Staatsanwalt stand auch fest, dass der Mord von allen drei Frauen, also auch von Susanne Satzberger verübt worden war. Das Alibi, dass Susanne von ihren Eltern erhalten hatte, sah der Anklagevertreter »wie eine Seifenblase zerplatzt«. Er kündigte an, dass er gegen die Eltern ein Ermittlungsverfahren wegen uneidlicher Falschaussage einleiten werde.

Nach Auffassung des Oberstaatsanwaltes war der Mord in »bewusstem und gewolltem Zusammenwirken verübt worden«. Schon aufgrund der vorausgegangenen Absprachen zwischen den drei Frauen hätte bei jeder der Frauen »selbstverantwortlicher und eigenständiger Mord« vorgelegen. Er sah auch die klassischen Mordmotive, nämlich »Habgier und niedrige Beweggründe sowie Verdeckung einer Straftat«, als erfüllt. Hauptziel der Tat sei gewesen, sich an der Lebensversicherung des Opfers zu bereichern. Wegen gemeinschaftlich begangenen Mordes forderte der Anklagevertreter für Stefanie Phillip, Ulrike Freitag und Susanne Satzberger lebenslängliche Freiheitsstrafen.

Den Ausführungen des Oberstaatsanwaltes schloss sich der Anwalt des als Nebenkläger zugelassenen Vaters des Opfers an. Der Anwalt wandte sich vor allem gegen den eventuell entstandenen Eindruck, durch die Aussagen von Stefanie Phillip könnten die Rollen von Opfer und Täter vertauscht werden.

Die Verteidigung

Freispruch für Susanne Satzberger sowie jeweils zeitlich begrenzte Freiheitsstrafen für Stefanie Phillip und Ulrike Freitag forderten die Verteidiger in ihren Plädoyers. Die sieben Anwälte waren sich einig, dass die Schwurgerichtskammer des Landgerichts Ansbach über eine in ihrer Konstellation völlig unverständliche Tat urteilen musste.

Die Verteidiger von Stefanie Phillip und Ulrike Freitag machten für ihre Mandantinnen »außergewöhnliche Umstände« geltend, die zu dem Gewaltverbrechen am 31. März 1987 geführt hätten. Sie plädierten dafür, von der vom Staatsanwalt geforderten lebenslangen Freiheitsstrafe abzusehen, bescheinigten dem Gericht aber, das Verfahren fair über die Bühne gebracht zu haben.

Wenngleich sich der Staatsanwalt »aufs Glatteis begeben« und sich als »Gedankenleser aus der Ferne« erwiesen und der Anwalt der Nebenklage eine »Volksausgabe eines Psychogramms« geliefert habe, räumte der Verteidiger von Stefanie Phillip doch eine Mittäterschaft seiner Mandantin ein. Entschieden aber wies der Anwalt zurück, die Ehefrau des Opfers habe aus Habgier an dem Gewaltverbrechen mitgewirkt. Seiner Mandantin sei in ihrer Ehe »Abscheuliches widerfahren«. Sie habe sich in ihrer Ehe erpressen, schlagen, prügeln, vergewaltigen und demütigen lassen müssen. Das seien »außergewöhnliche Umstände«, die zur Tat geführt hätten. Eine lebenslange Freiheitsstrafe sei daher unverhältnismäßig.

Auf eine zeitlich begrenzte Freiheitsstrafe für Ulrike Freitag plädierte auch deren Verteidigerpaar. Beide Verteidiger warfen die Frage auf, ob ihre Mandantin, die sich nur noch dunkel an das Tatgeschehen erinnerte, angesichts des hohen Alkoholgenusses nicht als vermindert schuldfähig angesehen werden müsse. Darüber hinaus sei es nicht auszuschließen, dass bei Ulrike Freitag durch hirnorganische Schäden motorische Störungen aufgetreten seien. Durch eine ihr in der Kindheit widerfahrene Vergewaltigung und sexuelle Belästigung durch ihren Großvater könnten bei Ulrike Freitag Traumata entstanden sein. Ihre Mandantin sei in ihrer Entscheidungsfähigkeit beeinträchtigt gewesen, weil sie sich in einem Abhängigkeitsverhältnis zu Susanne Satzberger befunden habe und ihre Freundin nicht verlieren wollte.

Die beiden Anwälte von Susanne Satzberger forderten realitätsfern, aggressiv und bemüht, unter allen Umständen aufzufallen, angesichts eines »Berges von Zweifeln« Freispruch für ihre Mandantin. Sie sprachen von einer »einzigartigen Schlamperei« der Kriminalpolizei bei den Ermittlungen und kritisierten massiv die Beweiswürdigung durch die Anklagevertretung. Die eine Anwältin meinte rückblickend auf die vorausgegangenen Verhandlungstage, dass »in so einer verklemmten Atmosphäre die Tat nicht aufgeklärt werden« konnte. An die Adresse des Anklagevertreters richtete die Verteidigerin die Kritik, angesichts eines fehlenden Motivs und nicht vorhandener Beweise mit »nebulösen und emotionsgeladenen Formulierungen aus dem Bauch heraus« Stimmung gegen ihre Mandantin gemacht zu haben. »Das Gebäude des Staatsanwaltes steht auf tönernen Füßen«, urteilte auch der zweite Verteidiger von Susanne Satzberger. Die Ermittlungen der Kriminalpolizei seien von einer vermeintlichen Schuld von Susanne Satzberger nach den Geständnissen von Stefanie Phillip und Ulrike Freitag ausgehend geführt worden. Aus dieser Haltung, so der Verteidiger, erkläre sich auch die »untragbare Schlamperei« der Kriminalpolizei. Die Fehler sollten nun auf dem Rücken seiner Mandantin abgeladen werden.

In ihrem Schlusswort erklärte Stefanie Phillip, dass sie die Tat »aufrichtig und ehrlich« bereue. Susanne Satzberger dagegen wiederholte, an der Tat nicht beteiligt gewesen zu sein. Aggressiv und patzig meinte sie: »Ich möchte mit dem Gewissen des Staatsanwaltes nicht tauschen.« Der Anklagevertreter erwiderte kurz: »Ich mit Ihrem auch nicht.«

Am letzten Tag des Prozesses gegen die drei Frauen in Ansbach gab es im Gerichtsgebäude einen Ansturm ohnegleichen. Schon zwei Stunden vor Beginn waren alle Besucherplätze im Gerichtssaal besetzt, standen die Neugierigen auf den Fluren, um noch einmal die Angeklagten zu sehen.

»Ein Schulbeispiel für einen heimtückischen Mord« hatte der Oberstaatsanwalt die Tat genannt. Unbegreiflich war sie für die Öffentlichkeit und die Verteidigung. Einer der Anwälte hatte gemeint, dass »jede Angeklagte mindestens 20 Schutzengel brauchen« würde, um aus der Sache glimpflich davonzukommen. Sie hatten derer sieben (ihre Anwälte), die jede Möglichkeit der beschränkten Strafprozessordnung zur milderen Betrachtungsweise der Tat ausgelotet hatten. Vergeblich.

Mit versteinertem Gesichtsausdruck, regungslos, hörten die drei jungen Frauen dann das Urteil: lebenslange Freiheitsstrafe wegen gemeinschaftlich begangenen Mordes aus Heimtücke. Auch für Susanne Satzberger, deren Eltern ihr ein recht zweifelhaftes Alibi verschafft hatten. »Recht so«, sagte eine Prozessbeobachterin, »mitgegangen, mitgefangen.«

Das Gericht war der festen Überzeugung, dass das Alibi der Susanne Satzberger falsch war, dass diese eben auch dabei war, als Wolfgang Phillip erdrosselt worden war. ›In dubio pro reo‹ (im Zweifel für die Angeklagte) habe in diesem Fall keine Bedeutung gehabt, weil keine Zweifel bestanden hatten, argumentierte der Richter.

Ungewöhnlich scharf verwahrte sich der ansonsten immer moderate Vorsitzende gegen die »unerträgliche und unsachliche« Argumentation der Anwältin von Susanne Satzberger, die dem Gericht Parteinahme vorgeworfen hatte. Ansonsten ging das Gericht kaum auf die Plädoyers der Verteidiger ein, hielt sich vorrangig an die Anklage und die Ermittlungen.

Lebenslang – weniger war nicht begründbar.

»Eine klassischere Form der Heimtücke gibt es nicht«, sagte der Vorsitzende Richter. § 211 des Strafgesetzbuches schreibe bei Mord zwingend eine lebenslange Freiheitsstrafe vor. Eine Abweichung von diesem absoluten Strafmaß sei nur möglich, wenn außergewöhnliche Umstände vorliegen. In diesem Fall aber gebe es nur allgemeine Milderungsgründe, etwa die schwere Kindheit von Ulrike Freitag und die zerrüttete Ehe von Stefanie Phillip. Diese konnten jedoch bei der Urteilsfindung nicht berücksichtigt werden. Schuldunfähigkeit oder strafmildernde Umstände seien weit und breit nicht erkennbar gewesen.

Nach dem Urteil wurden auf den Fluren des Gerichtsgebäudes hitzige Debatten über das Für und Wider der Todesstrafe und über die Problematik der Vergewaltigung in der Ehe geführt. Kritische Stimmen zogen die dargestellte Gutmütigkeit des Mordopfers in Zweifel und ließen ein gewisses Verständnis für die verurteilten Frauen erkennen.

»Lebenslang wie lang ist das eigentlich?«, wollte eine Besucherin nach dem Urteilsspruch wissen. Ein gerichtserfahrener Beobachter klärte die Frau auf: »Heutzutage ist das gar nichts bei guter Führung und so. Auf jeden Fall ist es zu wenig für einen gemeinen Mord.«

Kapitel 2

Eine Frau zwischen Freispruch und lebenslänglich

Am Dienstag, dem 17. Dezember 1968 um 14.30 Uhr wurde die Polizei in Augsburg zur Wohnung der allein stehenden, 74-jährigen Rentnerin Hildegard Degenhart in der Metzstraße im Ortsteil Pfersee gerufen. Die Wohnungsnachbarn hatten festgestellt, dass das zum Hofraum führende Küchenfenster eingeschlagen war, und die Frau sich nicht meldete.

Ein Streifenpolizist drängte die im Hof stehenden Nachbarn zur Seite, ergriff durch die zerbrochene Scheibe den Fensterriegel, drehte ihn auf und öffnete das Fenster. Er sah in das Innere und bemerkte, dass der Wohnungsschlüssel innen in der Wohnungstür steckte. Als sich nach mehrmaligem Rufen niemand in der Wohnung rührte, stieg der Beamte durch das Fenster ein und schaute sich in der Wohnung um. Er fand die alte Rentnerin tot in ihrem Schlafraum. Die Auffindungssituation deutete daraufhin, dass die Frau einem Verbrechen zum Opfer gefallen war.

Die Polizeieinsatzzentrale wurde verständigt, von dort ging die Nachricht an die Kriminalpolizei. Als nach 15 Minuten die Beamten der Mordkommission am Tatort eintrafen, sahen sich bereits der Leiter des örtlichen Polizeireviers und mehrere leitende Beamte am Tatort um. »Verflucht noch einmal, das ›Spurenvernichtungskommando‹ ist schon unterwegs«, schimpfte der Leiter der Mordkommission. Es dauerte eine Weile bis alle die Wohnung verlassen hatten, und der Erkennungsdienst mit seiner Arbeit beginnen konnte.

Spuren am Tatort

Die Leiche der alten Frau lag im Schlafraum lang ausgestreckt mit gespreizten Beinen im Bett. Sie war mit dem Oberbett über dem Kopf und dem Oberkörper so zugedeckt, dass die Beine und der Schambereich freilagen. Das Nachthemd war bis zur Brust hochgeschoben. Am linken Oberschenkel fand sich eine Blutwischspur, als ob jemand mit blutverschmierten Händen den Körper an dieser Stelle hochgeschoben hatte. An den Wänden über dem Bett befanden sich zahlreiche Blutspritzer. Die Kriminalbeamten entfernten das Oberbett und erschraken: Der Kopf und das Gesicht der Leiche waren furchtbar zugerichtet. Der Oberkörper der Leiche, das Nachthemd, das Kopfkissen, alles war blutbesudelt. An der rechten Schläfenseite der Leiche konnten mehrere schwere Schädelverletzungen festgestellt werden, die offensichtlich den Tod der Frau verursacht hatten. Die rechte Hand wies zwischen Daumen und Zeigefinger Stichverletzungen auf, die als Abwehrverletzungen zu werten waren. Der Genitalbereich war ohne Verletzungen, die Frau also nicht geschlechtlich missbraucht worden. Auch Spermaspuren waren nicht sichtbar. Bemerkenswert war, dass eine große Schere auf dem Oberbett über der Leiche aufgekreuzt so abgelegt war, als ob damit ein »Schlusspunkt« gesetzt worden wäre.

In der unordentlichen Wohnung wurden keine besonderen Auffälligkeiten festgestellt. Die 28 x 92 cm große, rechte Fensterscheibe des zum Hof führenden Küchenfensters war allerdings zerbrochen. Die Glasscherben lagen draußen vor dem Fenster auf und zwischen drei in unmittelbarer Nähe abgestellten, gefüllten Kohlesäcken. Auf einer der Glasscherben fanden die Spezialisten Fingerabdrücke von vier Fingern einer linken Hand. Bei näherer Untersuchung erwies sich eine dieser vier Fingerspuren als bedingt auswertbar.

Die Leichenöffnung ergab, dass die Rentnerin durch Stichverletzungen mit der am Tatort gefundenen Schere getötet worden war. Die Verletzungen ließen den Schluss zu, dass auf die im Bett liegende bzw. die dort halb aufgerichtete Frau eingestochen worden war, wobei sich das Opfer mit der rechten Hand noch gegen die Stiche gewehrt haben musste.

Die Gerichtsmediziner schlossen einen Geschlechtsverkehr mit der noch lebenden oder bereits toten Frau aus. Am Körper der Leiche und im Bett fanden sich keine Spermaspuren. Einige Monate später kam jedoch von Sachverständigen des Landeskriminalamtes die Nachricht, dass man an der sichergestellten Bettwäsche einen daumennagelgroßen Fleck gefunden habe, der sich bei genauerer Untersuchung als Spermaspur herausgestellt hat. Dieser Fleck befand sich allerdings an der oberen linken Ecke des Bettbezuges.

Das Mordwerkzeug, die große Schere, wurde sehr schnell als zum Haushalt des Opfers gehörend identifiziert.

Die Beamten des Kommissariats 11 der Kriminalpolizei Augsburg standen zum Zeitpunkt der Auffindung der ermordeten Rentnerin unter erheblichem Erfolgszwang. Sie mussten sich bereits mit zwei unaufgeklärten Mordfällen an alten Frauen befassen. Ein halbes Jahr vorher war eine allein stehende 69-jährige Witwe mit einer Schnur erdrosselt in ihrer Wohnung aufgefunden worden. Ein Jahr zuvor hatte man in einem Hof in der Nähe ihrer Wohnung die Leiche einer 71 Jahre alten Frau gefunden, die mit einem von ihr getragenen Perlonstrumpf erdrosselt worden war. Beide Frauenleichen waren weit gehend entkleidet und im Genitalbereich entblößt. In keinem Fall aber war ein geschlechtlicher Missbrauch der Frauen festgestellt worden.

Was lag also näher, als den Mord an Frau Degenhart auch aus der Sicht zu beleuchten, dass sich in Augsburg ein Lustmörder herumtreibt, der es auf alte Frauen abgesehen hat. Die Tatsituation im neuen Mordfall schien eindeutig. Die ganzen Umstände ließen darauf schließen, dass der Gesuchte abermals zugeschlagen hatte. Da ist das eingeschlagene Fenster zum Hofraum, das der Täter zum Einstieg in die Wohnung benutzt haben konnte. Da ist der entblößte Unterkörper der alten Frau, der in Richtung Sexualmord weist.

Bald wurde festgestellt, dass die Tatzeit in den frühen Morgenstunden zwischen 4.35 Uhr und 5 Uhr lag. Wohnungsnachbarn des Opfers hatten nämlich kurz vor 5 Uhr das Klirren der Fensterscheibe gehört und wenige Minuten später eine Gestalt aus dem Hinterhof eilen sehen. Als sich schließlich noch ein Zeuge fand, der gegen 4.35 Uhr beobachtet haben wollte, wie ein Mann von »untersetzter Figur« und »breiter Gesichtsform« aus dem Hofraum gegangen war, erhärtete sich die These vom Lustmörder immer mehr. Dass die Uhrzeiten mit der Theorie nicht übereinstimmen konnten, blieb außer Betracht. Wenn der eine Zeuge bereits um 4.35 Uhr einen Mann aus dem Hof kommen sah, dann konnte dieser Mann wohl kaum erst kurz vor 5 Uhr das Fenster einschlagen.

Die bedingt auswertbare Fingerabdruckspur an der zerbrochenen Fensterscheibe stammte nicht von einem berechtigten Spurenverursacher. Allerdings konnte nicht mit letzter Sicherheit festgestellt werden, wer sich vor Eintreffen der Polizei im Hofraum des Tatanwesens aufgehalten hatte.

Etwa vier Stunden nach dem Entdecken der Leiche und auch in den darauf folgenden Tagen meldete sich bei der Polizei eine unbekannte Frau per Telefon und brachte sich mit dem Mord an der Rentnerin in Verbindung. Sie sagte, dass sie selbst die alte Frau umgebracht habe. Der Sache wurde jedoch nicht mit der notwendigen Sorgfalt nachgegangen, weil doch alles auf einen durch einen Mann begangenen Sexualmord hindeutete.

Criminal Profiling

Seit den 1990er Jahren ist viel von einem in Amerika angeblich mit großem Erfolg angewandten Verfahren die Rede: der Erstellung eines »Psychologischen Täterprofils«, dem »Criminal Profiling«. Man verspricht sich davon wahre Wunder bei der Aufklärung von ungelösten Gewaltdelikten. Eine derartige Profilerstellung über einen noch unbekannten Täter durch Kriminalpsychologen beeinflusst naturgemäß den Entscheidungsprozess bei den Ermittlungen. Dass die Kriminalbeamten in den 1960er Jahren bereits Persönlichkeits- und Verhaltensbilder erstellt haben, um ein Täterprofil zu gewinnen, und wie man sich dabei auch täuschen kann, wird in diesem Fall deutlich.

Den Beamten des Kommissariats 11 der Kriminalpolizei Augsburg gelang es trotz enormer Anstrengungen nicht, die Mordtat aufzuklären. Die Auswertung von fast 100 000 Fingerabdruckblättern führte keinen Schritt weiter. Unzählige Vernehmungen, Befragungen, Überprüfungen zermürbten die Ermittler, aber es ergab sich keine Spur. Der Kommissariatsleiter und seine Mitarbeiter waren am Verzweifeln. Sie wandten sich schließlich an einen Psychologen und baten aufgrund der Aktenlage um ein kriminalpsychologisches Gutachten.

Der Gutachter kam zu dem Ergebnis, dass »aufgrund der vorgefundenen Lage der Leiche – Entblößung durch Hochschieben des Nachthemdes bis zu den Brüsten – auf eine sexuelle Handlung geschlossen werden müsse, zumal Spermaspuren in der Bettwäsche gefunden worden waren«. Aus dieser Tatsache und den Umständen, dass »der Oberkörper des Opfers bedeckt wurde, während der Unterkörper bloß liegen blieb, und weder gewürgt noch gedrosselt worden war«, schloss der Gutachter auf eine »Selbstbefriedigung des Täters, der über dem Opfer kniete«. Bei dieser Schlussfolgerung ließ der Gutachter allerdings außer Acht, dass bei der Tatbestandsaufnahme weder verdächtige Abdrücke eines knienden Körpers noch eine entsprechende Menge von Sperma in den üblichen Bereichen oder am Opfer selbst gefunden worden waren.

Der Psychologe führte die ganze Handlung auf einen »vorgefassten Plan mit entsprechender Vorerfahrung zurück, wobei das Ablegen des Tatwerkzeugs auf das den Oberkörper bedeckende Federbett deutlichen Demonstrationsgehalt enthalte«. Er wies auf »einen schwachsinnigen Einzelgänger« hin, der »ohne besondere Vorbereitungen oder Vorgespräche sofort einen tödlichen Angriff vorgetragen hat«, und der »als asozialer Einzelgänger sonst kaum oder keinen Kontakt zu Frauen aufnehmen kann, unter diesen Schwierigkeiten leidet und sich schließlich vorgenommen hat, so zum Ziel zu kommen«.

Interessant war die Beschreibung der Täterpersönlichkeit, die der Gutachter über den Unbekannten abgab: »Der Täter stammt aus gestörten Familienverhältnissen. Es würde besonders zu ihm passen, wenn er in einer Säuglingsklinik, in einem Waisenhaus und später bei den Großeltern aufgewachsen wäre. Wahrscheinlich war er auch in Fürsorgeerziehung und hat kleine Vorstrafen wegen Bettelns, Landstreicherei oder Eigentumsdelikten. Er ist intellektuell minderbegabt bis erheblich schwachsinnig und hat zur Zeit eine Hilfsarbeiterstellung möglicherweise in der Landwirtschaft inne. Mit Frauen hat er wenig oder keinen Umgang gehabt, daher hat er ihnen gegenüber Minderwertigkeitsgefühle und glaubt, dass sie ihn ablehnen. Sein Alter liegt zwischen 20 und 35 Jahren, wahrscheinlich um die 30 Jahre herum.«

Woher der Psychologe diese Erkenntnisse nahm, wird wohl immer sein Geheimnis bleiben. Bei der damaligen Gutachtergläubigkeit und den konkreten Ausführungen des Kriminalpsychologen verwundert es aber nicht, dass sich die These vom Lustmörder allgemein festigte. Bei den folgenden Ermittlungen spielten dann auch zwei Faktoren die Hauptrolle: Es musste nach einem Mann gesucht werden, auf den die Beschreibung des Gutachters passte und dessen Fingerabdrücke mit den gesicherten identisch waren.

Zweifel werden angebracht

Der im »Criminal Profiling« beschriebene Täter wurde nicht ermittelt, die Tat blieb unaufgeklärt. Jahre waren vergangen, unterdessen hatte Kriminalrat Waiden die Leitung der Kriminalpolizei in Augsburg übernommen, er interessierte sich auch für die unaufgeklärten Mordfälle der Vergangenheit. Zufällig fiel ihm die Ermittlungsakte zum Mordfall Degenhart in die Hände. Beim Durcharbeiten erinnerte er sich an das, was er beim Studium über die »vorgefasste Meinung, die vielfach andere Meinungen nicht aufkommen lässt« gehört hatte. Er besann sich, dass der Altmeister der

Kriminalistik Dr. Groß schon um die Jahrhundertwende von der »vorgefassten Meinung als der ärgsten Feindin der Untersuchungen« gewarnt hatte und diese Meinung »als umso gefährlicher« bezeichnete, »als ihr gerade die eifrigsten und in ihrer Arbeit interessiertesten Kriminalisten verfallen«. Der Beamte stellte sich unter Berücksichtigung dieser Erkenntnisse eine Menge Fragen, auf die eine Antwort auch anders lauten konnte oder gänzlich ausstand: Die Auffindungssituation war eindeutig auf einen Sexualmord ausgerichtet. Konnte diese Situation nicht auch vom Täter vorgetäuscht worden sein? Sucht sich ein dem Opfer völlig fremder Triebtäter eine alte Frau als Lustobjekt aus und kommt eines kalten Dezembertages ausgerechnet zu der nur durch einen Hinterhof zugänglichen Wohnung der Rentnerin in einer abseits gelegenen Straße? Wenn das Töten zum vorgefassten Plan des Täters gehört, verlässt er sich dann darauf, dass er in einer völlig fremden Wohnung das für sein Vorhaben geeignete Werkzeug (Schere) findet? Reicht die durch Zeugenaussagen untermauerte Zeit zwischen dem Klirren der Fensterscheibe und dem Verschwinden des Täters aus dem Hof, um in die Wohnung einzusteigen, die alte Frau umzubringen, sich geschlechtlich abzureagieren und durch das Fenster wieder zu verschwinden? Schlägt ein mit Tötungsvorsatz handelnder Täter eine Fensterscheibe ein und nimmt die Scherben alle heraus, wenn er die Möglichkeit hat, durch eine kleine Öffnung zur Verriegelung zu gelangen und den Fensterflügel aufzumachen? War die geschaffene Öffnung im Küchenfenster mit einer Breite von nur 28 cm überhaupt geeignet, dass der von einem Zeugen beobachtete, untersetzte und breitschultrige Mann einsteigen konnte? Wenn das Fenster von außen nach innen eingeschlagen wurde, warum lagen dann innen überhaupt keine Glasscherben? Wenn alle Glasscherben außen auf und zwischen den im Hofraum in der Nähe des Fensters abgestellten, gefüllten Kohlesäcken lagen, musste da nicht auch in Betracht gezogen werden, dass die Fensterscheibe von innen nach außen eingeschlagen worden ist? Musste die erst Monate später und dann noch fälschlicherweise als auf dem Bettlaken, tatsächlich aber auf der äußersten oberen, dem Kopfteil zugewandten Seite des Oberbettes befindliche und nur daumennagelgroße Spermaspur unbedingt mit der Bluttat in Verbindung gebracht werden? Wenn, wie der Gutachter ausführte, der »Täter über dem Opfer gekniet und sich so selbst befriedigt hat«, warum sind dann weder am Opfer noch an den bei einer solchen Stellung üblichen Stellen der Bettwäsche Spermaspuren gefunden worden? Wenn die Auffindungssituation der Leiche vorgetäuscht sein konnte, war es dann nicht auch möglich, dass die Fensterscheibe des Küchenfensters zur Täuschung eingeschlagen worden ist?

Die Fingerabdruckspur auf der zerbrochenen Fensterscheibe, die fälschlicherweise als Griffspur bezeichnet worden war, und die These vom Herausbrechen der Glasscherben begründet hatte, war nur eine bedingt auswertbare Druckspur auf einer Seite der Glasscheibe. Die bei einer Griffspur zwingend erforderliche Daumenspur auf der Gegenseite fehlte ganz. Musste nicht auch in Betracht gezogen werden, dass die Spur von einem zwar unbekannten, aber berechtigten Spurenverursacher oder gar von einem der vielen am Tatort anwesenden Polizei- und Kriminalbeamten unbeabsichtigt hinterlassen worden war?

Eine überraschende Wende

Seit dem gewaltsamen Tod der Rentnerin Degenhart waren fast zehn Jahre ins Land gegangen. Da brachten Ermittlungen in einer anderen Sache plötzlich eine Wende. Im April 1978 wurde die verheiratete, 31 Jahre alte Wäscherin Rita Severin wieder einmal von Beamten des Kommissariats 12 der Kriminalpolizei Augsburg vernommen. Die junge Frau wurde bezichtigt, bei der Polizei, beim Gericht, bei der Bundesbahn und beim Zeitungsverlag mit Bombenattentaten gedroht zu haben. Auf die Frage, warum sie diese Drohanrufe gemacht habe, erklärte sie plötzlich und vollkommen unerwartet: »Ich komme von dem Tod der alten Rentnerin nicht los.« Das folgende Geständnis der Frau warf alle bisherigen Theorien um. Zumal es auch noch plausibel war, in sich schlüssig, logisch und mit Einzelheiten, die nur jemand wissen konnte, der die Tat tatsächlich begangen hatte. Aber eine Frau als Täterin passte so gar nicht in die jahrelang gehaltene These vom Lustmord. Handelte es sich bei den Aussagen der Frau Severin nicht etwa nur um Wichtigtuerei, um Fantastereien einer geistesgestörten Person?

Jedoch eine Schere als Mordwerkzeug lässt aus kriminologischer Sicht auch auf eine Frau als Täterin schließen, und schließlich waren da kurz nach der Entdeckung der Tat mehrere Anrufe von einer Frau bei der Polizei, die sich mit der Mordtat in Verbindung gebracht hatte.

Kriminalhauptkommissar Lorenz, der bis dahin mit dem Fall nicht befasst war, übernahm die weiteren Ermittlungen. Als er den Lebenslauf der jungen Frau in den Kriminalakten durchging, stieß er auf Merkwürdigkeiten, die eine erhebliche kriminelle Energie bewiesen. Als 16-Jährige schrieb Frau Severin mehrere Briefe an die Polizei, in denen sie androhte, dass sie jemanden mit einem Messer erstechen werde. Bei ihrer Festnahme hatte sie ein scharf geschliffenes Küchenmesser bei sich. Mit 17 Jahren berichtete die Jugendliche der Polizei in einem Zeitraum von vier Wochen an die 20-mal von imaginären Verkehrsunfällen. Zwei Jahre später, sie war gerade 20 Jahre alt und frisch verheiratet, narrte die Frau die Polizei abermals drei Monate lang, indem sie wiederum telefonisch von Verkehrsunfällen berichtete, die sich gar nicht ereignet hatten. Als 30-Jährige zerstach Frau Severin innerhalb von zwei Wochen 50 Autoreifen an geparkten Fahrzeugen mit einem Springmesser. Bei ihrer selbst inszenierten Festnahme hielt die Wäscherin ein 19 cm langes Stilett angriffsbereit in der Hand.

Als Hauptkommissar Lorenz feststellte, dass die Wäscherin zur Tatzeit in der unmittelbaren Nachbarschaft der ermordeten Rentnerin gewohnt hatte, und sie auch noch als die ominöse Anruferin nach dem Mord identifiziert werden konnte, erhärtete sich der Tatverdacht.

Aber die bedingt auswertbare Fingerabdruckspur auf der zerbrochenen Fensterscheibe war nicht von Frau Severin, und die winzige Spermaspur auf dem Oberbett des Opfers passte gar nicht ins Konzept. Die ursprünglich ermittelnden Kriminalbeamten glaubten nicht an die Frau als Mörderin, nach wie vor waren sie von ihrer These vom Lustmörder überzeugt und taten die Aussage der Frau Severin kategorisch als »Spinnerei« ab. Hauptkommissar Lorenz ließ sich jedoch nicht beirren und verhörte Rita Severin.

Das Geständnis

»Ich habe damals schräg gegenüber vom Haus der Rentnerin gewohnt. Ich war gerade ein Jahr verheiratet. Mein Mann hat als Maler gearbeitet, er hat aber fast immer das ganze Geld versoffen. Es hat im Haushalt hinten und vorne gefehlt. Drei Wochen vor der Tat habe ich die alte Frau Degenhart beim Einkaufen kennen gelernt und ihr die volle Einkaufstasche bis zur Wohnung getragen. Die Frau hat mich eingeladen. Am Vorabend der Tat bin ich tatsächlich zu der alten Frau rübergegangen. Ich hatte wieder einmal kein Geld und wollte mir von ihr welches leihen, aber Frau Degenhart hat mir keines gegeben. Ich war darüber recht verärgert und habe beschlossen, nachts in die Wohnung der schwerhörigen Frau zu gehen und nach Geld zu suchen. Beim Weggehen habe ich in einem unbeobachteten Augenblick die Wohnungsschlüssel der alten Frau an mich genommen. Ich habe die ganze Nacht nicht schlafen können, gegen 2.30 Uhr bin ich zur Wohnung der Frau Degenhart gegangen. Ich hatte eine lange Hose und einen Anorak an. Mit den am Abend zuvor mitgenommenen Haus- und Wohnungsschlüsseln habe ich die ebenerdige Wohnung aufgeschlossen und bin hineingeschlichen. Die Schlüssel habe ich von innen in das Schloss der Wohnungstür gesteckt und zugesperrt. Bereits im ersten Raum bin ich im Finstern gegen einen am Boden stehenden größeren Topf gestoßen, es hat furchtbar gescheppert. Die alte Frau ist in dem angrenzenden Schlafraum durch den Lärm wach geworden und hat Licht gemacht. Sie hat gerufen, und ich habe gesehen, dass sie sich im Bett aufrichtet.«

Frau Severin holte tief Luft und fuhr fort: »Da bin ich in Panik geraten. Ich habe befürchtet, dass mich die Frau erkennt. Da lag auf dem Tisch eine Schere, ich packte sie, ging auf die alte Frau zu, drängte sie ins Bett zurück und stach wahllos auf sie ein. Ich habe sie am Kopf getroffen. Die Frau streckte zur Abwehr ihre Hand gegen mich aus. Ich stach einfach zu, nach einer Weile ließ ich ab. Die Frau lag blutüberströmt im Bett. Sie rutschte aber fast heraus, da packte ich sie mit den Händen an den Oberschenkeln und schob sie wieder hinein. Das Oberbett ist bei dem Handgemenge auf dem Fußboden gelandet. Ich überlegte, dann fasste ich den Entschluss, ein Sittlichkeitsverbrechen vorzutäuschen. Ich schob der Frau das Nachthemd über den Bauch hinauf bis zur Brust. Die Beine drückte ich auseinander, so dass das Geschlechtsteil der Frau bloß war. Dann nahm ich das Oberbett und legte es über den Oberkörper und das blutbesudelte Gesicht der Frau. Da war noch die Schere am Boden, ich nahm sie auf und legte sie auf das Oberbett.«

Die Täterin legte eine kurze Pause ein, ehe sie weiter sprach: »Dann suchte ich in der Wohnung nach Geld. Plötzlich hörte ich draußen im Treppenhaus Geräusche. In meiner Angst traute ich mich nicht mehr, durch die Wohnungstür und den Hausflur zu flüchten. Ich ging deshalb zum in den Hof führenden Küchenfenster. Auf dem Fensterbrett standen mehrere Blumentöpfe, die habe ich genommen und auf dem Boden unter dem Fenster abgestellt. In meiner Aufregung habe ich den Fensterflügel nicht gleich aufgekriegt. Ich habe deshalb mit einem Gegenstand, der in der Nähe lag, die Scheibe eingeschlagen. Die Glasscherben sind nach draußen geflogen, aber ich bin durch die Öffnung nicht nach draußen gekommen. Beim Versuch, durch das Fenster nach außen zu kommen, bin ich am Fensterbrett ausgerutscht und habe mich am Knie verletzt. Im Hausflur draußen war es wieder ruhig, da habe ich mich durch die Wohnungstür nach außen geschlichen. Die Schlüssel habe ich innen stecken lassen und die Wohnungstür leise zugezogen«, schloss sie ihre Tatschilderung. »Als ich in meiner Wohnung war, habe ich festgestellt, dass ich voller Blut war. Ich habe deshalb alles ausgezogen, mich gebadet und dann frische Wäsche und Bekleidung angezogen. Die blutbesudelten Kleidungsstücke habe ich in der Früh in die Aschentonnen geschmissen. Mein Mann hat von der ganzen Sache nichts gemerkt. Der war nämlich stockbesoffen, als er gegen Mitternacht heimkam.«

Die Wäscherin wurde stundenlang vernommen. Sie erzählte den Kriminalbeamten alle Einzelheiten und erläuterte ihre zum Teil von der Regel abweichenden Verhaltensweisen. Sie kannte und schilderte Details der Tatwohnung so genau, dass die Beamten zu der Erkenntnis gelangten, tatsächlich die Täterin vor sich zu haben. Rita Severin wiederholte ihr Geständnis vor dem Staatsanwalt und dem Ermittlungsrichter. Sie wurde in Untersuchungshaft genommen. Die Ermittlungsbeamten standen bei der Bewertung der vorgebrachten Handlungsweise vor den Fragen: Hat die Wäscherin die alte Frau umgebracht, um den Einschleichdiebstahl zu verdecken, oder hat sie gar aus Mordlust getötet? Oder waren die Aussagen der Frau nur krankhafte Fantastereien? Aber woher wusste sie dann die ganzen Einzelheiten? Und warum erinnerte sie sich zehn Jahre nach der Tat noch an jedes Detail?

Das aufgekreuzte Ablegen des Mordwerkzeugs auf dem Bett über der Leiche, ihre früheren Gewalttaten und die Aussage eines Psychiaters in dem abgeschlossenen Verfahren wegen der Reifenstechereien ließen auf »Töten aus Mordlust« schließen. Der Gutachter hatte die Wäscherin als »eine in einer Versagersituation befindliche Person« geschildert, die »vor allem aufgrund der Unmöglichkeit, sexuelle und aggressive Triebwünsche realitätsgerecht zu befriedigen, in die Rolle eines Mannes, dem ihrer Meinung nach aggressive Handlungen gestattet sind, schlüpft, um Unzufriedenheit und Aggression abreagieren zu können. In der

Männerrolle werden bei ihr dann massive Aggressionen deutlich vom nächtlichen Raubzug über grobes und sadistisches Sexualverhalten bis hin zum Mordversuch und zum vollendeten Mord«.

Am Ende war in Betracht zu ziehen, dass das Geständnis, wie die unmotivierten Taten vorher von der Reifenstecherei bis zu den Bombendrohungen, aus einer seelischen Not heraus entstanden sein konnte, und das Gewissen der Frau keine Ruhe mehr gelassen hatte.

War die Wäscherin aus dieser Zwangslage heraus genötigt, immer wieder auf sich aufmerksam zu machen, damit sie endlich die Möglichkeit bekam, für die Tat einzustehen, die sie vor zehn Jahren an der alten Frau begangen hat? Es war zumindest eine plausible Erklärung für das Verhalten der Wäscherin.

Der Prozess

Im Dezember 1978, zehn Jahre nach der schweren Bluttat an der Rentnerin Hildegard Degenhart, kam es vor dem Schwurgericht in Augsburg zum Prozess gegen die nun 31-jährige Rita Severin. Der Staatsanwalt warf der Frau vor, einen Menschen getötet zu haben, um eine andere Straftat zu verdecken. Dass die zur Tatzeit 21 Jahre alte Angeklagte nur aus Mordlust getötet haben könnte, was aus der Vortäuschung einer geschlechtsbezogenen Tat, aus dem demonstrativ auf dem Opfer abgelegten Mordwerkzeug und aus den unmittelbar nach der Tat durchgeführten, anonymen

Anrufen bei der Polizei zu schließen gewesen wäre, dafür fand sich beim Staatsanwalt nicht die erforderliche Bereitschaft.

Die Einzelheiten des Geständnisses, die sich mit dem objektiven Tatortbefund bis ins Detail deckten, waren es, auf die die Anklage sich stützte. Alle Beteiligten waren sich allerdings im Klaren, dass es sehr schwierig sein würde, der Angeklagten die Täterschaft so überzeugend nachzuweisen, wie es die möglichen Rechtsfolgen notwendig machten.

Die Angeklagte widerrief im Prozess ihr Geständnis und erklärte, die Selbstbezichtigung sei ebenso eine Folge der häuslichen Auseinandersetzungen mit dem alkoholkranken Ehemann gewesen wie ihre Reifenstechereien, die Bombendrohungen und die fingierten Unfallmeldungen in den vergangenen Jahren. Immer nach massiven Ehekonflikten sei sie »durchgedreht« und habe nicht mehr gewusst, was sie tat. Die Details, mit denen sie in ihrem Geständnis aufgewartet habe, wisse sie aus Erzählungen in der Nachbarschaft oder aus der Zeitung. Teilweise seien sie auch nur Vermutungen, die geschickte Steuerung der Angeklagten durch ihren Verteidiger war hier überdeutlich erkennbar.

Der psychiatrische Sachverständige bescheinigte der nur unterdurchschnittlich intelligenten Angeklagten im Prozess eine »lebhafte Fantasie« und »Freude am Fabulieren«. Nach Ansicht des Gutachters benutzte die Frau diese Eigenschaften, um sich selbst gegenüber ihrer Umwelt in ein anderes Licht zu setzen. Aggressive Fantasie habe dazu geführt, dass die Angeklagte nachts von Mordtaten geträumt habe, erklärte ein zweiter Psychiater.

Beide Gutachter betonten, dass bei Menschen mit dieser Fantasie und Merkfähigkeit Bilder entstehen können, die schwer widerlegbar seien. Es sei also möglich, dass sich die Angeklagte in die Vorstellung hineingesteigert habe, jemanden umgebracht zu haben. Aus ihrer neurotischen Persönlichkeitsstruktur mit hysterischen Zügen könne allerdings eine Täterschaft im Mordfall weder belegt noch widerlegt werden.

Der Prozessbeobachter der Kriminalpolizei wurde bei derartigen Formulierungen stutzig, die Bombendrohungen, die Reifenstechereien, die Meldungen über imaginäre Verkehrsunfälle, das waren doch keine »Fantastereien« und »Fabulierungen« sondern Realität. Warum sollte dann das Geständnis der Mordtat nur eine Fantasterei der Frau gewesen sein?

Nach zwei Tagen Beweisaufnahme forderte der Ankläger eine lebenslange Freiheitsstrafe wegen Mordes für Rita Severin. Er habe keinen begründeten Zweifel, dass die Angeklagte die Tat begangen hat, da ihr mittlerweile zwar widerrufenes Geständnis Einzelheiten enthalte, die nur derjenige wissen konnte, der die Tat begangen hat. Der Staatsanwalt erklärte ausdrücklich, dass das Geständnis allein zu einer Verurteilung nicht ausreiche. Es müsse immer mit den objektiven Spuren am Tatort übereinstimmen. Bei den Aussagen der Angeklagten sei dies deutlich der Fall, so habe die Angeklagte detailliert geschildert, wie sie die Leiche der Ermordeten in das Bett gelegt hat. Blutspuren hatten die Version der Angeklagten bestätigt. Außerdem habe Frau Severin exakt die Schlüssel zur Wohnung des Mordopfers beschrieben und Einzelheiten der Wohnung der Rentnerin gekannt, in der sie nun nie gewesen sein will. Ferner habe die Angeklagte die Lage einer Geldbörse und die Stellung von Geschirr so beschrieben, wie diese Gegenstände bei der Tatbestandsaufnahme tatsächlich gelegen hatten. Die Angeklagte habe zudem in ihrem Geständnis behauptet, zur Tatzeit Geräusche im Treppenhaus wahrgenommen zu haben, tatsächlich war zur selben Zeit ein Hausbewohner zur Toilette gegangen.

Der Staatsanwalt wies die Erklärung der Angeklagten zurück, wonach sie ihre Kenntnisse aus Zeitungsartikeln und Gesprächen in der Nachbarschaft bezogen haben wollte. Die von ihr angegebenen Details seien nicht in der Zeitung berichtet worden. Die Angeklagte habe im Übrigen in ihrem Geständnis Klatsch aus der Nachbarschaft sogar berichtigt.

Der Spermaspur im Bett des Opfers sprach der Ankläger keine entlastende Bedeutung zu. Diese Spur sei erst Monate später an einer nicht relevanten Stelle bemerkt worden. Wäre sie bei der Tat entstanden, hätte man sie sofort entdecken müssen. Auch die Fingerabdrücke einer bisher unbekannten Person auf einer Glasscherbe des eingeschlagenen Küchenfensters konnten von jemandem aus der Nachbarschaft schon längst vor der Tat gesetzt worden sein.

Die Verteidigung plädierte dagegen auf Freispruch. Sie sah das belastende Geständnis als »seltsamen Höhepunkt einer merkwürdigen Serie von anonymen Briefen, Bombendrohungen und Reifenstechereien« sowie als »Fluchtreaktion vor den familiären Problemen«. Unter Bezugnahme auf die psychiatrischen Gutachten nannte der Verteidiger die Angeklagte eine »Hysterikerin, die versuche, sich bis zur Selbstvernichtung in den Mittelpunkt zu stellen«.

Obwohl verdächtig viele Angaben im widerrufenen Tatgeständnis mit der Tatortsituation zusammentrafen, vermochte die Schwurgerichtskammer des Landgerichts Augsburg schließlich doch nicht zu einer Verurteilung zu kommen.

Noch vorhandene Zweifel hatten nicht endgültig ausgeräumt werden können. In einem Punkt habe die Angeklagte nach Ansicht des Gerichts die Unwahrheit gesagt. Sie habe in dem Geständnis behauptet, bei ihrer Flucht aus der Tatwohnung ein Küchenfenster von innen nach außen geschlagen zu haben. Dies konnte aber nicht sein, weil die Scherben nicht auf dem Boden vor dem Fenster gelegen hatten, sondern einen Meter vom Fenster entfernt. Außerdem spreche die »ungewöhnliche Brutalität« bei der Tat eher für einen Mann. Das Gericht bezog sich schließlich auf die psychiatrischen Gutachter, die die Glaubwürdigkeit der Angeklagten angezweifelt hatten. Rita Severin wurde freigesprochen und sofort aus der Haft entlassen.

Ein Kapitalverbrechen, das ein Jahrzehnt unaufgeklärt war, dann durch vier Mordgeständnisse der Rita Severin und die Begleitumstände als aufgeklärt angesehen werden konnte, war nun nach dem Spruch der Schwurgerichtskammer wieder ungeklärt.

Ein Detail, die Lage der Glasscherben im Hof unter dem eingeschlagenen Küchenfenster, war es, das zum Freispruch der Rita Severin geführt hatte. Und diese Lage war gar nicht so eindeutig, wie das Gericht sie annahm. Beteiligte Kriminalbeamte hatten bei der Tatbestandsaufnahme kurz nach der Bluttat nämlich eine Menge Glassplitter und größere Scherben zwischen den ganz nah am Fenster abgestellten Säcken verstreut und eben nicht »fein säuberlich aufgestapelt« registriert. Diese Tatsache aber hätte die ursprüngliche Aussage der Angeklagten, dass sie nach der Tat bei der versuchten Flucht das Fenster von innen nach außen eingeschlagen habe, untermauert und das Gericht nicht zu dem Schluss verleiten können, die Angeklagte habe in diesem Punkt die Unwahrheit gesagt.

Auch die Telefonanrufe der Frau unmittelbar nach Bekanntwerden des Mordes, in denen sie sich selbst der Tat bezichtigt hatte, blieben bei der Beurteilung gänzlich außer Betracht.

Selbst die Aussage eines Zeugen, der zur tatkritischen Zeit eine angeblich männliche Person aus dem Hof des Tatanwesens kommen sah, konnte mit Frau Rita Serverin als Täterin in Einklang gebracht werden. Die Wäscherin hatte angegeben, dass sie bei der Tatausführung eine lange Hose und einen Anorak getragen hatte. In der Dunkelheit und aus der vom Zeugen zugegebenen Entfernung konnte die Gestalt ohne Schwierigkeiten auch als männlich angesehen werden.

Es blieb dabei, die Richter der Schwurgerichtskammer hatten Rita Severin freigesprochen. Ob die Freigesprochene die ganze Sache ohne Schaden an Leib und Seele überstanden hatte, war fraglich. Wenn sie tatsächlich unschuldig war, wird ihr ihr Verhalten für das weitere Leben eine unauslöschliche Lehre gewesen sein. War sie aber die Mörderin, und war sie in den zehn Jahren nach der Tat mit dem grausigen Geschehen nicht fertig geworden, dann wird sie es auch in der Folgezeit nicht können. Ihr Verteidiger und die Richter hätten ihr dann mit dem Freispruch keinen Gefallen getan. Niemand wird ihr dann noch glauben, selbst wenn sie noch so eindringlich ihre Tat dokumentieren sollte, niemand wird ihr Absolution erteilen. Die von den Psychiatern im Mordprozess bescheinigten »Fantastereien und Fabuliererereien« werden ihr immer nachhängen. Sie wird dann mit der Schuld leben müssen, ohne Sühne.

Zum Schluss aber muss die Frage erlaubt sein: Konnte die Verdächtige nicht verurteilt werden, weil sie als Frau mit der Tat nicht in das gängige Schema passte?

Kapitel 3

Liebe zu dritt

Angelika Weber hatte es Zeit ihres Lebens nicht leicht, schon im Elternhaus waren Streit und Hass an der Tagesordnung. Der Vater war alkoholabhängig, die Mutter abgehärmt, enttäuscht und bösartig. Es verwundert also nicht, dass Angelika gerade 17-jährig in eine Ehe flüchtete, um den Widerwärtigkeiten des Elternhauses zu entkommen. Doch ihr Mann hatte einen Mutterkomplex, nichts in der jungen Ehe ging ohne die Schwiegermutter, diese war aber kaum anders als Angelikas eigene Mutter. So war die junge Frau nichts weiter als das Dienstmädchen im Haus der Schwiegermutter. Als Angelika auch noch dahinter kam, dass ihr Angetrauter sie betrog, ging die Ehe in die Brüche.

Angelika blieb jedoch nicht lange allein, erneut lernte sie einen Mann kennen. Aus Liebe heirateten die beiden, und in wenigen Jahren kamen drei Kinder zur Welt.

Beim Bau des Eigenheims übernahm sich das Ehepaar finanziell jedoch erheblich. Als die Schulden aus dem Hausbau nicht mehr bewältigt werden konnten, fing der Mann zu trinken an. Nun hatte er an allem etwas auszusetzen,

Frau und Kinder erlebten ihn nur noch alkoholisiert und nörgelnd. Später wird Angelika Weber über diese Zeit sagen: »Unsere Kinder haben den Vater und ich die Zärtlichkeit vermisst.« Als ein gemeinsames Leben nicht mehr möglich war, reichte Angelika die Scheidung ein.

Im Oktober 1984 schien im bisher überwiegend von Lieblosigkeit geprägten Leben der Angelika Weber ein Wandel einzutreten, in einem Lokal lernte sie ihren Traummann kennen. Dem 38 Jahre alten Fabrikarbeiter Günter Hausmeier, ebenfalls geschieden und Vater dreier Kinder, gelang es, der Frau Zärtlichkeit und Geborgenheit zu geben. »Er war zärtlich zu mir. Er gab mir alles, was ich in meinem ganzen Leben vermisst hatte. Zum ersten Mal habe ich gemerkt, was Liebe eigentlich ist«, wird Angelika Weber später das Verhältnis schildern.

»Auch meine Kinder haben sehr schnell eine gute Beziehung zu Günter aufbauen können.« Zu Weihnachten 1984 feierten Angelika und Günter Verlobung.

Der Beginn einer Dreiecksbeziehung

Aber die erste Idylle im Leben der Angelika Weber hielt nicht lange an. Kaum war das Paar mit den Kindern im April 1985 in eine gemeinsame Wohnung gezogen, verliebte sich Günter Hausmeier in die 17-jährige Silvia Landes, die Babysitterin von Angelikas Kindern. »Ich kannte das Mädchen seit neun Jahren,« wird Angelika Weber später aussagen, »sie war wie eine Tochter für mich.«

Das Mutter-Tochter-Verhältnis verlor sich in der Folgezeit in einem mit allen Mitteln geführten Kampf zweier eifersüchtiger Frauen um den geliebten Mann, dieser fühlte sich in der Rolle des doppelt Angebeteten ganz offensichtlich wohl. Angelika Weber hatte ihrem Freund zu Beginn der Beziehung versprechen müssen, dass sie ihm gewisse Freiheiten einräumen werde. Nun war der Zeitpunkt gekommen, diese Freiheiten auch einzufordern. Günter Hausmeier war nicht gewillt, den Reizen der jungen Silvia zu widerstehen. »Die Silvia gefällt mir so, ich möchte sie einmal haben,« eröffnete der Mann seiner Verlobten. »Wenn ich sie gehabt habe, ist der Drang vorbei. Du kannst ja dabei sein, dann brauchst du nicht eifersüchtig sein«, bot er ihr an.

Angelika Weber stimmte schließlich zu und war dabei, als der von ihr so geliebte Mann mit der 17-jährigen Silvia Landes im gemeinsamen Schlafzimmer intim wurde. Doch bei diesem einen Mal blieb es natürlich nicht, der Drang nach der Jungen ließ eben nicht nach, stattdessen wurde er immer stärker. In der Folgezeit war Angelika Weber immer öfter quasi nur zur Kontrolle dabei, wenn Günter Hausmeier mit Silvia »Sex machte«. Zu gemeinsamen Liebesspielen zu dritt kam es nie, der Mann bevorzugte Silvia. Angelika selbst musste ihre sexuellen Bedürfnisse zunehmend zurückschrauben. Als sie ihrem Verlobten deswegen Vorhaltungen machte, erwiderte dieser: »Du hast mir versprochen, dass ich in unserer Beziehung gewisse Freiheiten habe. Ich bin eben scharf auf Silvia. Ich liebe dich mehr als Silvia, aber die lieb ich auch. Du musst schon alles so machen, wie ich es haben will, dann verlasse ich dich nicht.« Angelika

Weber spielte tatsächlich mit, bildete sie sich doch ein, ohne diesen Mann nicht mehr leben zu können.

Das Leben zu dritt

Die beiden Frauen teilten sich nun Mann, Tisch und Bett. Günter Hausmeier wandte sich gefühlsmäßig immer mehr Silvia Landes zu, die Beziehung der beiden wurde tiefer und intensiver. Später im Prozess wird er aussagen, dass er »Angelika nicht weh tun und sie auch vor allen Dingen aus moralischen Gründen nicht verlassen wollte«.

Die Eifersucht bestimmte das Leben zu dritt, und Günter Hausmeier war gefordert, ausgewogene Zustände zu schaffen. Als er seiner Verlobten zum Jahrestag ihres Kennenlernens einen Anhänger mit zwei ineinander verschlungenen Herzen schenkte, gab es Streit, denn Angelika erzählte es triumphierend ihrer Rivalin. Diese bestand nun darauf, auch so einen Anhänger geschenkt zu bekommen. Nach längerem Verhandeln entschied Günter Hausmeier, Silvia zum Ausgleich Doppelherz-Ohrringe mitzubringen.

Im zähen Kleinkrieg wurde jeder Blick des Mannes registriert und daraufhin untersucht, wen er wohl wärmer angeschaut habe. Die Jüngere drängte auch darauf, dass die Ältere beim Intimverkehr nicht mehr dabei sein sollte. Überhaupt beanspruchte Silvia Landes immer mehr Mitspracherecht für sich. Sie bestimmte das gemeinsame Fernsehprogramm, sie suchte die Möbel aus, die Angelika Weber bezahlen sollte, und wollte sogar deren Kinder erziehen.

Die Spannungen zwischen den Frauen wuchsen von Tag zu Tag. Vor lauter Verzweiflung lief Angelika Weber immer öfter davon. Am Anfang machte sich Günter Hausmeier noch auf die Suche nach seiner Verlobten, später tat er das nicht mehr.

Ein halbes Jahr lang litt Angelika darunter, dass die hübsche Nebenbuhlerin mehr und mehr ihren Platz an der Seite Günter Hausmeiers einnahm. Als sie immer weiter zurückgesetzt wurde, versuchte sie, sich das Leben zu nehmen. Zweimal schnitt sie sich die Pulsadern auf, ein anderes Mal lief sie zur Autobahnbrücke und wollte hinunterspringen. Zwei Stunden lang saß sie auf dem Geländer, dann ging sie wieder heim, der Mut zum Springen hatte sie verlassen. Auch ihre Kinder litten unter den Verhältnissen, so äußerte der zwölfjährige Sohn seiner Mutter gegenüber: »Hau ihr doch ein Messer rein.«

Der Countdown zur Katastrophe

Angelika Weber kam schließlich zu der Überzeugung, dass sie die quälende Dreiecksbeziehung nur mit Gewalt lösen könnte. »Wenn das so weitergeht«, sagte sie am 3. April 1986 zu ihrem Bruder, »bringe ich die Silvia um.«

»Dann geh halt weg«, riet der Bruder, »dann musst du nicht so stark leiden.«

Am Mittag des folgenden Tages standen beide Frauen am Fenster, um dem zur Arbeit fahrenden Günter Hausmeier nachzuschauen. Vom Auto aus warf er noch einen Handkuss zu den beiden Frauen hoch. Ohnehin schon rasend vor Eifersucht glaubte Angelika, dass dieser Handkuss nur ihrer Konkurrentin gegolten habe. Silvia Landes strich sich indes mit der Hand liebevoll über den Bauch und meinte: »Mein Bauch wird immer größer, ich glaube, ich bin schwanger.« Als sie auch noch eröffnete, nun ganz zu Angelika und Günter zu ziehen, brannten bei Angelika Weber alle Sicherungen durch. »Ich habe auch eine Überraschung für dich«, meinte sie. Im Beisein ihres zwölfjährigen Sohnes führte Angelika Silvia ins Kinderzimmer, ließ sie auf einem Stuhl Platz nehmen und verband ihr mit einem Tuch die Augen. Dann holte sie einen Hammer und schlug mit aller Wucht mehrfach auf den Hinterkopf des Opfers ein. Als das Mädchen nach der ersten Attacke immer noch atmete, holte Angelika Weber ein Kabel, schlang es Silvia um den Hals und erdrosselte die Nebenbuhlerin.

Gemeinsam mit ihrem Sohn brachte Angelika Weber die Leiche in einen nahe gelegenen Wald und verscharrte sie. Im Anschluss beseitigte sie die Blutspuren im Haus. Der Kampf um den geliebten Mann hatte tödlich geendet. Noch am gleichen Tag kam die Tat heraus, Angelika Weber wurde als mutmaßliche Täterin verhaftet.

»Sie hat das bekommen, was sie verdient hat«, sagte Angelika Weber bei ihrer ersten Vernehmung vor der Kriminalpolizei noch kühl und ohne Reue. Später freilich rührte sich das Gewissen. Die Frau kam nicht darüber hinweg, jemanden getötet zu haben. Immer wieder musste sie wegen akuter Selbsttötungsgefahr aus dem Gefängnis in die Psychiatrie des Bezirkskrankenhauses Haar eingeliefert werden. Sie war depressiv, weinte nur noch und wollte nicht essen.

»Ich würde alles rückgängig machen«, schrieb sie ihrem Verlobten Günter Hausmeier aus der Nervenheilanstalt, »wenn ich nur könnte. Und ich habe Angst, dass Du nicht damit fertig wirst. Bitte vergiss mich nicht, denn ohne Dich ist für mich das Leben aus.«

Am Montag, dem 2. Februar 1987 verurteilte die Schwurgerichtskammer des Landgerichts München II die 36 Jahre alte Hilfsarbeiterin Angelika Weber unter Zubilligung verminderter Schuldfähigkeit wegen Mordes aus Heimtücke zu zwölf Jahren Freiheitsentzug.

Das Gericht sah es als erwiesen an, dass die Frau am 4. April 1986 ihre 17-jährige Nebenbuhlerin aus Eifersucht ermordet hat. Strafmildernd habe sich ausgewirkt, dass die im Wesentlichen geständige Angeklagte in einer aussichtslosen Situation gehandelt habe und infolge ihrer persönlichen Entwicklung nur vermindert schuldfähig sei.

Die Gutachter hatten die Angeklagte als eine »psychisch anfällige«, »depressive« Person »mit einer Tendenz zur Abhängigkeitsbindung« eingeschätzt, die im Mord an ihrer Nebenbuhlerin die einzige Möglichkeit gesehen habe, das Dreiecksverhältnis zwischen ihrem Verlobten, der Getöteten und ihr selbst zu beenden, um den Mann wieder für sich allein zu haben.

Die Frau war nach den Worten des Gerichtsvorsitzenden nach mehreren gescheiterten Beziehungen bei ihrem jetzigen Verlobten »erstmals auf Zärtlichkeit und Liebe« gestoßen. Dabei habe sie in Kauf genommen, dass ihr Partner sexuelle Kontakte auch zu anderen Frauen wie der 17-jährigen Getöteten unterhalten hat. Als diese Nebenbuhlerin aber immer mehr die Stelle der ersten Geliebten einzunehmen drohte, und ihr Einzug in die gemeinsame Wohnung verabredet schien, sei die Verurteilte durchgedreht.

»Ich fühle mich an dem Geschehenen schuldig«, sagte Günter Hausmeier im Prozess. »Eigentlich ist der Vorfall durch mich ausgelöst worden.« Der verurteilten Angelika Weber versprach der Mann, dass er zu ihr halten und sie heiraten wolle. Ein halbes Jahr später war Günter Hausmeier aus der Wohnung ausgezogen, in der die Tragödie begonnen und geendet hatte. Angelika Weber lebte als Gefangene in der Landesfrauenstrafanstalt Aichach. Zwei ihrer Kinder waren in einem Heim untergebracht, das dritte bei Verwandten. Besuch bekam die Frau selten, von Heirat war nie mehr die Rede.

»So ist das Leben«, stand auf dem Pullover, den Angelika Weber am Tag ihrer Verurteilung vor dem Münchner Schwurgericht getragen hat.

Kapitel 4

Das Grab im Brunnenbach

Der 56 Jahre alte Fabrikarbeiter Vitus Hofmann lebte 1971 allein in seinem kleinen Häuschen in der Gartenkolonie am Siebentischwald in Augsburg. Zwei Jahre zuvor hatte sich seine Ehefrau in einem Anfall geistiger Verwirrung vor einen fahrenden Zug geworfen und sich so das Leben genommen. Seine drei erwachsenen Kinder waren seit langem ausgezogen.

Vitus Hofmann träumte davon, seinen Lebensabend in Zweisamkeit mit einer neuen Ehefrau zu verbringen. Er studierte deshalb eifrig die Heiratsanzeigen in der Tageszeitung. Auf eine dieser Annoncen schrieb der einfache Mann dann auch nach längerem Überlegen. Eine Margarete Fichtner antwortete ihm, ein Treffen wurde schnell vereinbart. An einem Sonntagnachmittag saß Vitus Hofmann in seiner besten Garderobe im Café am Park und wartete auf seine Verabredung. Kurz nach dem vereinbarten Zeitpunkt betrat eine Frau um die 50 Jahre, rothaarig, vollschlank und adrett gekleidet den Gastraum, sie trug das verabredete Zeichen. Vitus Hofmann fand sofort Gefallen an der Frau, und auch

Margarete Fichtner zeigte Interesse, so dass sie weitere Treffen ausmachten.

Nach vier Wochen kamen die beiden überein, es miteinander zu versuchen. Vitus Hofmann richtete nun sein Haus für den Einzug seiner Auserwählten her. Er legte neue Fußböden, tapezierte die Wände und strich alles frisch. In der Nachbarschaft erzählte er freudig, dass er nun bald wieder heiraten werde.

Anfang Mai 1971 zog Margarete Fichtner zu dem einsamen Mann in die Gartenkolonie am Siebentischwald. Die Frau umsorgte den Hausbesitzer, kochte für ihn, ließ ihn rauchen und trinken, versorgte Haus und Garten. Vitus Hofmann blühte bei so viel Fürsorge richtig auf. Die Nachbarn amüsierten sich bald über das verliebte Getue des alternden Mannes.

Eine Braut mit Vergangenheit

Margarete Fichtner war 51 Jahre alt und eine Frau mit bewegter Vergangenheit. Im Elsass geboren, erlebte sie als Kind die Wirren der Nazizeit und des Zweiten Weltkriegs. Die Eltern hatten sich scheiden lassen und das Kind in ein Erziehungsheim gegeben. Nach dem Krieg hatte es Margarete in die Großstadt verschlagen. In Hamburg war das Mädchen vom Lande bald in der Gosse gelandet. Es hatte einen jungen Mann kennen gelernt, der sich schnell als Zuhälter entpuppt und die naive, junge Frau auf den Strich geschickt hatte. In Anspielung auf ihre Herkunft und ihre

Haarfarbe hatte sie bald ihren Milieunamen »Die rote Französin« verpasst bekommen.

Doch dann hätte Margarete fast einen Zipfel vom Glück erhascht. Ein 30-Jähriger, der als Schieber das große Geld gemacht hatte, holte die attraktive Frau zu sich und heiratete sie. Aber die Ehe hielt nicht lange, denn treu sein konnte Margarete so gar nicht. Sie war mit einem Zirkusmusiker durchgebrannt und mit ihm einige Jahre im Zirkus »Atlantis« durch Europa getingelt, irgendwo hatten sie geheiratet. Schnell war auch diese Verbindung wieder auseinander gegangen und Margarete schließlich als Toilettenfrau in einer schwäbischen Großstadt gelandet. Dort hatte sie den 20 Jahre jüngeren Heinrich Fichtner kennen gelernt, einen etwas tollpatschigen Mann, der durch die Kriegswirren aus der Bahn geworfen war und in der reifen Frau auch eine Art Mutterersatz sah. Margarete hatte mit Raffinesse die Geliebte gespielt und Heinrich zum Heiraten überredet. Das ungleiche Paar hatte sich dann auch nach kurzer Zeit verehelicht. Bald aber waren Bier und Schnaps im Haushalt Fichtner die gefragtesten Getränke geworden, eine Zweisamkeit in Exzessen, Saufgelagen, Schlägereien und Orgien hatte das Zusammenleben bald ruiniert. Als Margarete Fichtner über die Heiratsannonce Verbindung mit Vitus Hofmann aufnahm, wohnte sie mit ihrem Mann zwar noch in der gemeinsamen Wohnung, beide hatten sich aber auseinander gelebt und die Scheidung eingereicht.

Vier Wochen lebte Margarete Fichtner in dem kleinen Haus in der Gartenkolonie, da eröffnete sie Vitus Hofmann eines Abends, dass sie eigentlich noch verheiratet sei. Sie erzählte von dem 20 Jahre jüngeren Heinrich Fichtner, mit dem ein Zusammenleben nicht mehr möglich sei, und von der eingereichten Scheidung. Vitus Hofmann erschrak. Die ehemalige Prostituierte verstand es aber, auf den einfachen Mann einzugehen, schließlich stimmte er sogar dem Einzug des Nochehemannes seiner Zukünftigen in sein kleines Haus zu.

Heinrich Fichtner hielt sich bedeckt, täglich ging er seiner Arbeit nach und war abends meist auswärts unterwegs, somit störte er das junge Glück nicht. Anfang Juli 1971 wurde die Ehe zwischen Margarete und Heinrich Fichtner auch offiziell geschieden. Dann aber wendete sich für Vitus Hofmann das Blatt. Das geschiedene, ungleiche Paar verstand sich plötzlich wieder recht gut, so dass sich ein merkwürdiges Dreiecksverhältnis entwickelte. Vitus Hofmann war dabei von Anfang an die Rolle des gehörnten, neuen Ehemanns zugedacht, der für den Lebensunterhalt und die Wohnung zu sorgen hatte. Margarete brachte es sogar so weit, dass Vitus Hofmann »für alle Fälle« ein Testament machte, in dem er seiner angehenden Ehefrau sein ganzes Hab und Gut vermachte und seine Kinder von der Erbfolge gänzlich ausschloss.

Nur eine Schwierigkeit hatte Vitus Hofmann noch zu bewältigen: Beim Kennenlernen hatte er der feschen Fünfzigerin vorgeschwindelt, dass er ein größeres Barvermögen besitze, das er aber auf einer Bank sicher angelegt habe. Nun wollte Margarete Fichtner an das Geld heran. Vitus Hofmann wusste nicht, wie er sich aus der Affäre ziehen konnte, denn außer ein paar Tausend Mark auf seinem Girokonto hatte er kein Bargeld und eingestehen wollte der angehende Ehemann der resoluten Margarete seinen Schwindel nicht. Diese aber drängte immer mehr, sie brauche das Geld unbedingt, wenn geheiratet werden sollte. Vitus versprach schließlich, dass er es noch vor dem Hochzeitstermin von der Bank holen werde. Ende September 1971 gingen Margarete Fichtner und Vitus Hofmann zum Standesamt und bestellten das Aufgebot.

Der geplatzte Hochzeitstermin

Der Hochzeitstermin rückte immer näher. Vitus Hofmann bat seinen Schwager, Trauzeuge zu werden, ließ sich für den kommenden Donnerstag beurlauben und für Freitag, den 8. Oktober 1971, den Hochzeitstag, bekam er von seinem Arbeitgeber frei. Alles schien geregelt, nur für die Geldfrage galt es noch eine Lösung zu finden.

Einige Tage vor der Hochzeit tauchte Vitus Hofmann am Abend in der Flaschenbierhandlung Haas am Eingang der Gartenkolonie auf. Früher war er dort Stammgast. Aber seit er sich eine neue Frau auserwählt hatte, war er weggeblieben. Der angehende Ehemann war verstört und deprimiert. Nach dem Genuss von einigen Flaschen Bier fing er zu jammern an: »Ich weiß nicht recht, ich weiß nicht recht, ich glaube, es ist doch nicht richtig, was ich mache.« Und nach zwei weiteren Flaschen Bier verkündete er dem Bierhändler und einigen Gesprächspartnern an diesem Abend unheilvoll: »Pass auf Werner, die beiden drüben in meinem Haus, die bringen mich in den nächsten Tagen um.«

Der Flaschenbierhändler nahm die Äußerung seines Gastes nicht ernst. Oft schon hatte Vitus Hofmann nach dem Tod seiner Frau in depressivem Zustand nach einigen Flaschen Bier Unsinn dahergeredet von Selbstmord, Auswandern und anderem. Der Händler beschwichtigte seinen alkoholisierten Kunden, und gegen Mitternacht schwankte Vitus Hofmann nach Haus.

Am Donnerstag, dem 7. Oktober 1971, verrichtete Vitus in seinem Garten noch bis zum Nachmittag Gartenarbeiten, um 15 Uhr rief ihn Margarete ins Haus. Als der Nachbar gegen 17 Uhr mit seinen Arbeiten im Garten aufhörte, sah er durch das Fenster, wie Vitus mit Margarete und Heinrich Fichtner im Wohnzimmer diskutierte. Das Fenster war offen und die Vorhänge zurückgezogen, so dass Wortfetzen herausdrangen. Es hörte sich an, als ob gestritten wurde. Der Nachbar dachte sich jedoch nichts dabei und ging in sein Haus.

Am nächsten Tag warteten vor dem Standesamt die bestellten Gäste auf das Brautpaar. Der Standesbeamte wurde schließlich ungeduldig, weil die festgesetzte Zeit bereits überschritten war. Endlich kam Margarete Fichtner. »Die Trauung muss verschoben werden«, erklärte sie resolut. »Der Vitus ist gestern nach München gefahren und bisher nicht zurückgekommen. Er wollte in München bei der Bank noch das Geld für die Hochzeitsfeier holen.« Als sich der Standesbeamte und die Verwandten mokierten, wurde die Braut richtig böse: »Was kann ich denn dafür, der lässt mich einfach sitzen. Das ist eine Unverschämtheit. Ich bin jetzt die Blamierte.« Der Standesbeamte vermerkte in seinen Unterlagen: »Das Aufgebot wurde von Frau Margarete Fichtner zurückgenommen.«

Wo ist der Bräutigam?

Vitus Hofmann war verschwunden, niemand wusste, wo er war. Am Sonntag nach dem geplatzten Hochzeitstermin brachte Margarete Fichtner den Dackel des Verschwundenen zu dessen verheirateter Tochter. »Der Vitus ist nach München gefahren. Er will dort zwei Wochen bleiben und dann noch zu einem Onkel nach Nürnberg fahren. Der Hund gibt zu Hause keine Ruhe. Nimm du ihn. Bei Dir ist er ja schon eingewöhnt. Du hast das Vieh ja schon öfter über Wochen hinweg gehabt.«

Drei Wochen später ging Margarete Fichtner zur Polizei und meldete ihren Verlobten als vermisst. Der Wachhabende im Polizeirevier reagierte abweisend: »Gute Frau, das ist keine Sache für die Polizei. Ihr Verlobter ist ein erwachsener Mensch, der seinen Lebensmittelpunkt und Aufenthalt bestimmen kann, wie und wo er will. Da hätten wir viel zu tun, wenn wir alle davongelaufenen Männer und Frauen suchen müssten, die aus irgendwelchen Gründen nicht mehr bei ihren Partnern bleiben wollen. Wenn Ihr Verlobter nicht mehr zurückkommt, dann müssen Sie sich schon damit abfinden.«

Auf Drängen der Frau nahm der Polizeibeamte dann doch eine vorläufige Vermisstenanzeige auf. Diese Anzeige landete schließlich auf dem Schreibtisch von Kriminaloberkommissar Baumann vom Kommissariat 11, dem Kommissariat, das sich vorwiegend mit Todesermittlungen, aber eben auch mit Vermisstenfällen zu beschäftigen hat. Der Beamte war verärgert. »So ein Schmarrn«, schimpfte er, »da verschwindet ein Mann noch rechtzeitig, bevor er im Hafen der Ehe festgezurrt wird, und die verlassene Braut meldet ihn jetzt als vermisst.« Baumann beschloss, erst einmal abzuwarten.

Zwei Tage später kam eine der verheirateten Töchter des Verschwundenen zur Kriminalpolizei. Die Frau berichtete von dem merkwürdigen Dreiecksverhältnis und vom Testament, das ihr Vater zugunsten von Frau Fichtner gemacht hatte, außerdem wusste sie nichts von Verwandten in München oder Nürnberg. Auch dass ihr Vater erhebliche Barmittel auf einer Bank gehabt haben sollte, war der Tochter neu.

Die Kriminalbeamten begannen nun doch ernsthaft mit ihren Recherchen. Die Ermittlungen beim Arbeitgeber und beim Standesamt bestätigten bereits Bekanntes. In München konnte Vitus Hofmann nicht ausgemacht werden, auch Nürnberg meldete Fehlanzeige. Eine Nachfrage in den Krankenhäusern blieb erfolglos. Die Befragungen bei den Nachbarn brachten lediglich eine Menge Tratsch zutage. Der Flaschenbierhändler erzählte von den merkwürdigen

Äußerungen des Verschwundenen einige Tage vor der geplanten Hochzeit. Daraufhin wurde Margarete Fichtner noch einmal vorgeladen und vernommen. Sie ließ bei ihren Aussagen geschickt einfließen, dass sie über mehrere, namentlich leider nicht bekannte Personen erfahren habe, dass ihr Verlobter möglicherweise nach Ostberlin oder Ostdeutschland gegangen sei. Als sie auf das ominöse Testament angesprochen wurde, sagte sie: »Der Vitus hat darin verfügt, dass ich nach seinem Tod seine alleinige Erbin sein soll. Aber nachdem er nun verschwunden ist, und auch sein Tod nicht festgestellt werden kann, verzichte ich auf alles. Ich stelle keine Forderungen. Das Testament habe ich mit meiner Verzichtserklärung der Tochter und dem Schwiegersohn von Vitus geschickt.«

Zwei Wochen später erfuhr Oberkommissar Baumann, dass Margarete Fichtner und der wieder mit ihr zusammenlebende Heinrich aus dem kleinen Haus in der Gartenkolonie ausgezogen und in einen Wohnblock in der Altstadt umgesiedelt waren. Da das Haus nun leer war, nahm er es mit seinen Kollegen vom Erkennungsdienst genau unter die Lupe. Im Haus fanden die Kriminalbeamten nichts Auffälliges. Im Werkstattanbau war ein Hohlraum frisch zugeschüttet und der Sickerschacht im Garten aufgefüllt. Hohlraum und Schacht wurden freigeschaufelt, doch nichts fand sich.

Das Vorleben des ungleichen Paares Fichtner wurde nun durchleuchtet. Margarete und Heinrich Fichtner waren keine unbeschriebenen Blätter, in den Akten waren Diebereien vermerkt, Trunkenheitsdelikte und Gewalttätigkeiten. Heinrich Fichtner hatte seine erste Frau einmal krankenhausreif geschlagen, und ein Jahr später wollte er seine Untermieterin und ihre beiden Kindern mit einem Messer umbringen. Margarete Fichtner musste einmal sogar in Polizeigewahrsam genommen werden, weil sie mit einem Beil auf ihren Ehemann losgegangen war.

Bei Kriminaloberkommissar Baumann setzte sich immer mehr die Überzeugung durch, dass Vitus Hofmann getötet und irgendwo verscharrt worden war. Er brachte Margarete und Heinrich Fichtner mit der Tat in Verbindung, aber er konnte den beiden nicht das Geringste nachweisen. Die Vermisstensache Vitus Hofmann blieb offen, von dem verschwundenen Bräutigam fand sich keine Spur.

Das Grab im Brunnenbach

Vier Jahre waren seit dem Verschwinden von Vitus Hofmann ins Land gegangen. Immer noch wusste man nichts über seinen Verbleib. Margarete und Heinrich Fichtner hatten sich in der Zwischenzeit ins Saarland abgesetzt.

Kriminaloberkommissar Baumann war längst mit anderen Aufgaben betraut, als er sich Anfang Dezember 1974 mit einem Schlag wieder mit dem »Vermisstenfall Vitus Hofmann« befassen musste. Arbeiter des Tiefbauamtes der Stadt waren dabei, den Brunnenbach zu regulieren. Das kleine, etwa einen Meter breite und einen halben Meter tiefe Bächlein kommt aus dem Siebentischwald, durchfließt die Ilsungenheide, schlängelt sich an der Gartenkolonie vorbei, speist dort die Kneippanlage und mündet schließlich in einem Kanal, der das Wasser unterirdisch zum Lech führt.

Die Arbeiter hatten den Bachlauf abgesperrt, das Wasser umgeleitet und dann begonnen, den Schwemmlöß aus der Bachsohle zu schaufeln und die Uferböschung von Wildwuchs zu befreien. Etwa 300 m südlich der Gartenkolonie stießen zwei Arbeiter bei ihrer Schaufelarbeit im Bachbett auf einen Packen. Es war ein etwa anderthalb Meter langes und knapp einen halben Meter breites, mit einer Plastikplane umwickeltes und mit rotem und weißem Draht umschnürtes Paket. Beim Freilegen war die Plastikplane geplatzt und ein Rupfensack sichtbar geworden, aus dem ein furchtbarer Gestank austrat. Als ein Arbeiter mit der Harke an dem Sack zog und ihn aufriss, kam eine skelettierte, menschliche Hand zum Vorschein. Erschrocken ließen die Arbeiter von ihrem Fund ab und verständigten die Polizei. Ein Streifenwagen kam, ihm folgten wenig später Beamte der Kriminalpolizei, Fachleute vom Kommissariat 11 und vom Erkennungsdienst. Die Sachverständigen schnitten die Plastikumhüllung behutsam auf. Eine stark verweste Leiche wurde sichtbar, die in einer mehrschichtigen Plastikverpackung steckte. Darunter waren mehrere Lagen von Jute und im Bereich des Kopfes und des Oberkörpers Teile eines Leintuches erkennbar.

Der grauenvolle Fund wurde umgehend in das gerichtsmedizinische Institut gebracht. Die Beamten der Mordkommission hatten zunächst folgende Fragen zu klären: Wer war der Tote? Wie kam er zu Tode? Wie lange hatte die Leiche im Brunnenbach gelegen?

Das Paket mit den Überresten eines Menschen lag auf dem Sektionstisch in der Obduktionshalle des gerichtsmedizinischen Instituts in München. Professor Dr. Spahn, zwei weitere Obduzenten und zwei Sektionsgehilfen standen schon bereit, als der Ermittlungsrichter, der Staatsanwalt und Kriminaloberkommissar Baumann dazukamen. Zunächst erfolgte eine äußere Besichtigung.

Der Protokollführer hielt nach dem Diktat der Ärzte fest: »Der Gegenstand ist verpackt mit einer grobfaserigen Plastikdecke, die an einem Ende durch weiß-rote Kabel mehrfach verknotet und verschnürt ist. Die Knoten wurden nicht gelöst, sondern im Originalzustand erhalten. Am unteren Ende ist die Verpackung offen, hier ragen Knochen und Weichteile heraus, offenbar von menschlichen Unterschenkeln stammend.

Die Plastikdecke wird an der Vorderseite aufgeschnitten. Unter der Decke befindet sich eine menschliche Leiche. Am Rücken, in der Gegend des Oberkörpers, ist ein Kleidungsstück, braungrün aussehend. Am Unterkörper findet sich eine Herrenunterhose, vermutlich 3/4-lang, bis unterhalb der Knie reichend.

Die Leiche wird umgedreht. Am Oberkörper ist ebenfalls das braungrüne Kleidungsstück. Es handelt sich um ein hemdartiges Oberteil von sportlichem Typ mit zwei Brusttaschen mit Klappenverschluss. Beide Taschen sind leer. Das hemdartige Kleidungsstück reicht bis in die mittlere Bauchhöhe. Dort wird es von der Unterhose überdeckt. Das Kleidungsstück läuft unter der Unterhose weiter bis zum Unterkörper. Über dem Hemd liegt an der linken Körperseite ein weißes, unregelmäßiges Stoffstück, bei dem es sich um ein zum Teil zerstörtes, leintuchartiges Gebilde handeln kann. Es reicht bis zu den Oberschenkeln. Am Unterkörper findet sich lediglich die beschriebene Unterhose.

Unter dem braungrünen Hemd ist ein Unterhemd besonderer Art. Dieses ist heute eher unüblich, da es kragenlos, kurzärmlig und vorn im oberen Drittel aufknöpfbar ist. Im Bereich des linken Armes ist das Oberhemd noch vorhanden und über das Ellenbogengelenk gekrempelt.«

Weiter hieß es im Bericht des Protokollführers: »Nach dem Genitalbefund handelt es sich offensichtlich um eine männliche Leiche. Die Körperlänge lässt sich nicht eindeutig feststellen, da die Füße fehlen.

Die Strukturen von Kopf, Rumpf und Gliedmaßen sind im Wesentlichen erhalten. Im Bereich der Unterschenkel sind sie zum Teil skelettiert. Im Gesicht sind die Konturen verwischt. Die Augäpfel sind nicht erkennbar. Im Bereich des Nasenrückens fehlen die Weichteile. Im Mund findet sich eine Ober- und Unterkieferprothese, es handelt sich um eine Vollprothese. Sie wird entfernt und asserviert.«

Zum Schluss stand fest, dass zahlreiche Knochenbrüche mit Zertrümmerung des Gesichtsschädels, des Nasenskelettes und der knöchernen Schädelbasis vorlagen und dass ein geformter Terrassenbruch des Schädeldaches über dem Hinterhaupt sichtbar war. Ferner waren Rippenserienbrüche vorhanden.

Der Mann war also durch massive Gewalteinwirkung erschlagen worden. Wann der Unbekannte allerdings zu Tode gekommen war, konnten auch die Gerichtsmediziner nicht klären.

Die Leiche wird identifiziert

Nach Abschluss der Obduktion nahm Kriminaloberkommissar Baumann die Reste der Kleidungsstücke, die an der Leiche waren, einzeln in Folie verpackt, mit. Als wichtigster Anhaltspunkt zur Identifizierung der Leiche diente jedoch die Zahnprothese und, was die Gerichtsmediziner noch festgestellt hatten, die Tatsache, dass im Oberkiefer der Leiche zwei verwachsene Zähne eingelagert waren.

Oberkommissar Baumann, seine Kollegen vom Kommissariat 11 und die Leute vom Erkennungsdienst begannen nun zu ermitteln. Sie überprüften zunächst einmal alle noch ungeklärten Vermisstenfälle der eigenen Dienststelle. »Ob da Vitus Hofmann aus dem schauerlichen Grab im Brunnenbach geholt worden ist?« fragte sich Baumann.

Der Zahnarzt von Vitus Hofmann wurde ausfindig gemacht. Er hatte noch die Unterlagen seines ehemaligen Patienten, in ihnen war die Einlagerung von zwei Zähnen im Oberkiefer vermerkt. Als dem Zahnarzt die sichergestellte Zahnprothese gezeigt wurde, erklärte er spontan, dass es sich hierbei um ein von ihm hergestelltes Produkt handele. Der Arzt bestätigte, dass er diese Prothese zweifelsfrei für Vitus Hofmann angefertigt hatte.

Die Überreste des Hemdes konnten von den Sachverständigen eindeutig einem Hemd zugeordnet werden, das Vitus Hofmann zu seinen Lebzeiten getragen hatte. Die Angehörigen des Vermissten erkannten in den bei der Leiche gefundenen Resten der Bekleidungsstücke mit Sicherheit die Wäsche von Vitus Hofmann. Die beiden Töchter bestätigten auch, dass ihr Vater die Gewohnheit hatte, mit Unterwäsche und Oberhemd zu Bett zu gehen.

Das Verpackungsmaterial, der Rupfensack, die Plastikplanen und die Kabelverschnürung konnten dem Haushalt des Vermissten zugeordnet werden. Technischen Sachverständigen gelang es, aufgrund der entsprechenden Passstücke, die im Haus in der Gartenkolonie gefunden wurden, eindeutige Aussagen zu machen. Auch die Zange, mit der die Drahtstücke abgeschnitten worden waren, fanden die Kriminalbeamten im Haus des Verschwundenen. Darüber, dass die im Brunnenbach gefundene Leiche die des seit vier Jahren vermissten Vitus Hofmann war, gab es bald keinen Zweifel mehr.

Der Tatverdacht

Aus der Tatsache, dass die Leiche nur mit Hemd, Unterhose und Unterhemd bekleidet und im Kopf- und Oberkörperbereich mit einem Leintuch umwickelt war, schlossen die Kriminalbeamten, dass Vitus Hofmann im Bett liegend erschlagen worden war. Auch die sonstigen Spuren wiesen auf das kleine Haus in der Gartenkolonie am Siebentischwald als Tatort hin. Oberkommissar Baumann und Sachverständige des Landeskriminalamtes untersuchten daher noch einmal jeden Quadratzentimeter des Hauses. Bei der Anwendung der Chemieluminiszenz-Methode – mittels einer Chemikalie, die Blutreste, die für das bloße Auge unsichtbar sind, unter einer Speziallampe zum Leuchten bringt – wurden die Sachverständigen fündig und entdeckten auf dem Bretterfußboden im Schlafzimmer Blutspuren im Mikrobereich. Die Gerichtsmediziner hatten darauf hingewiesen, dass die Verletzungen an der Leiche darauf schließen lassen, dass das Opfer mit großer Wahrscheinlichkeit gelegen hat, als sie ihm beigebracht worden waren. Damit erhärtete sich der Verdacht, dass Vitus Hofmann wohl in der Nacht vor seiner geplanten Hochzeit von seiner Braut und deren geschiedenem Ehemann in seinem eigenen Haus erschlagen und später im Bachbett des Brunnenbaches vergraben worden war.

Der Ermittlungsrichter erließ aufgrund des von der Kriminalpolizei zusammengetragenen Beweismaterials Haftbefehl wegen Verdachts des Mordes an Vitus Hofmann gegen Margarete und Heinrich Fichtner. Oberkommissar Baumann gelang es, den Aufenthalt des Paares ausfindig zu machen. Als er der Braut des Toten eröffnete, dass sie und ihr geschiedener Ehemann im Verdacht stehen, Vitus Hofmann getötet zu haben, legte die Frau entrüstet los: »Ich bin sprachlos. Wie kommen Sie überhaupt dazu. Ich habe damit nichts zu tun. Der Vitus hat doch damals am Tage unserer Hochzeit das Weite gesucht. Er ist nach München gefahren und hat mich sitzen gelassen.«

»Frau Fichtner, wir haben die Leiche des Vitus gefunden.

Nach unseren Ermittlungen ist der Mann in seinem eigenen Haus erschlagen worden. Damals haben Sie und Ihr geschiedener Mann sich in diesem Haus aufgehalten«, hielt Baumann der Tatverdächtigen vor. »Wenn er im Haus umgebracht worden wäre, dann müsste ich es wissen. Nein, nein, ich habe den Vitus nicht getötet und der Heinrich auch nicht«, entgegnete Margarete Fichtner.

Auch Heinrich Fichtner bestritt ganz entschieden, mit dem gewaltsamen Tod Hofmanns etwas zu tun gehabt zu haben. Er verstrickte sich zwar in Widersprüche, weigerte sich dann aber gänzlich, den Kriminalbeamten irgendwelche Fragen zu beantworten. Tagelang befasste sich Kriminaloberkommissar Baumann mit dem tatverdächtigen Paar, aber es gelang ihm nicht, es zu einem Geständnis zu bewegen. Nach zwei Wochen gab er schließlich die Akten an die Staatsanwaltschaft ab. Margarete und Heinrich Fichtner blieben in Untersuchungshaft.

Der Prozess

Fast auf den Tag genau vier Jahre nach dem spurlosen Verschwinden von Vitus Hofmann und zehn Monate nach dem Auffinden der Leiche im Brunnenbach kam es vor der Schwurgerichtskammer des Landgerichts Augsburg zur Hauptverhandlung gegen Margarete Fichtner und ihren geschiedenen Ehemann Heinrich. Mehr als 120 Zeugen wurden aufgeboten, 20 Sachverständige kamen zu Wort. Über einen Monat lang dauerte der Prozess, an insgesamt 15 Tagen wurde öffentlich verhandelt. Die beiden Angeklagten wiesen alle gegen sie erhobenen Vorwürfe zurück. Margarete Fichtner, die einst so stolze »rote Französin«, saß wie eine graue Maus auf der Anklagebank. Mit dünner Stimme verkündete sie gleich zu Anfang: »Auf Anraten meines Rechtsanwaltes werde ich keine Angaben zur Sache machen.« Sie schwieg dann auch während des ganzen Prozesses.

Heinrich Fichtner war da gesprächiger, er ging selbst zum Richtertisch, wenn Beweismittel zu besichtigen waren, schaute sich auch ungerührt den präparierten Schädel an, den eingeschlagenen Schädel des Mannes, für dessen Tod er verantwortlich gemacht wurde. »Selbstverständlich liegt da ein Verbrechen vor«, sagte er forsch, »aber wie das geschehen ist, das kann ich nicht erklären. Ich habe jedenfalls mit der ganzen Sache nichts zu tun.«

Ein Lokaltermin wurde anberaumt. Das Gericht begab sich zu dem kleinen Haus in der Gartenkolonie am Siebentischwald. Menschen liefen zusammen, um die »Mörderin« zu sehen, die sich wie Heinrich Fichtner auch ohne Handschellen bewegte. Die Frage, wie man in einem fließenden Gewässer überhaupt eine Leiche begraben kann, wurde am Fundort schnell geklärt. Kriminalbeamte sperrten mit einem einfachen Schieber bei der Abzweigung vom Zigeunerbach den Zufluss des Brunnenbaches ab, nach einer Stunde war das Bachbett des Brunnenbaches offen und ohne Wasser.

Eine knisternde Ungewissheit lastete vom ersten bis zum letzten Tag auf dem Prozess. Das fing schon bei der Frage an, ob die gefundene Leiche überhaupt die des Vitus Hofmann war. Die Sachverständigen legten sich nicht fest. Der

Zahnarzt blieb jedoch bei seiner Aussage, dass die Zahnprothese und zwei im Oberkiefer eingewachsene Zähne eindeutig auf die Identität Hofmanns hinwiesen.

In seinem Schlussvortrag erklärte der Ankläger: »Es kann dahingestellt bleiben, ob Margarete Fichtner und der damals noch mit ihr verheiratete Heinrich schon von Anfang an nur die Absicht hatten, Vitus Hofmann auszunehmen. Aus der Tatsache, dass Vitus Hofmann schon vor der Heirat auf Drängen der Angeklagten Margarete Fichtner diese in seinem Testament als Alleinerbin eingesetzt hat, muss jedoch geschlossen werden, dass es der Angeklagten bei ihren ganzen Aktivitäten im Zusammenhang mit Vitus Hofmann nur um das Finanzielle gegangen ist. Dass Heinrich Fichtner sehr schnell ebenfalls in das Haus des Opfers einzog, beweist, dass es den beiden Angeklagten bei ihrer Scheidung nicht um Trennung ging. Ausschlaggebend für ihr Engagement mag gewesen sein, dass Vitus Hofmann mit Hausbesitz und Bargeld geprahlt hatte.

Am Tag vor der Hochzeit müssen die beiden Angeklagten Gewissheit erlangt haben, dass Vitus Hofmann über kein Barvermögen verfügte. Wie durch die Aussagen des Nachbarn bewiesen ist, kam es an jenem Donnerstagabend zwischen dem Hauseigner und den beiden Angeklagten zu einer lautstarken Auseinandersetzung. Es kann sein, dass die Angeklagten ihr Opfer bereits bei dieser Auseinandersetzung erschlagen haben. Die ganze Spurensituation deutet jedoch daraufhin, dass sie gewartet haben, bis Vitus Hofmann zu Bett gegangen war. Dann haben die beiden Angeklagten in bewusstem und gewolltem Zusammenwirken ihr

Opfer aus Habgier heimtückisch getötet. Die Leiche des Opfers kann mehrere Tage in dem Einfamilienhaus gelegen haben. Die beiden Angeklagten hatten ja Zeit zur Leichenbeseitigung. Niemand konnte sie in ihrem weiteren Vorgehen stören, nur der Hund des Opfers war im Wege. Deshalb wurde er am zweiten Tag nach der Tat weggebracht. Die beiden Angeklagten mussten sich schließlich der Leiche entledigen. Ein raffiniert ausgeklügelter Plan sollte verhindern, dass der Leichnam jemals gefunden wird. Die beiden Angeklagten verpackten die Leiche zunächst in Jutesäcken aus dem Schuppen. Weil darin die Leiche zum Abtransport noch nicht sicher genug versteckt war, steckten sie sie in einen zusammengenähten Plastiksack. Dieser Sack war aber zu kurz. Deshalb haben die Angeklagten die Füße von der Leiche abgetrennt und irgendwo verschwinden lassen. Sie können sie verbrannt oder aber nur in den Abfall geworfen haben. Das Paket mit der Leiche verschnürten die Täter mit einem ebenfalls im Haus befindlichen Draht.

Auf der Suche nach einem geeigneten Versteck kam den beiden Angeklagten das Wissen zugute, dass der Brunnenbach abgesperrt und trockengelegt werden kann. Es war für beide Angeklagte ein Leichtes, das Paket mit der Leiche mit dem gummibereiften, zweirädrigen Handwagen des Opfers auf dem Fußweg entlang des Brunnenbaches bis zur Ilsungenheide zu transportieren und dort im Bachbett zu vergraben. Sie sind sicherlich davon ausgegangen, dass das Wasser schnell über das Grab fließt, und der Schwemmlöß es für immer zudeckt. Nachdem die Angeklagten alle Spuren im Haus verwischt und überall das Gerücht verbreitet hatten, dass Vitus Hofmann nach München gefahren und nicht wieder zurückgekehrt sei, war die Aufgabe der Vermisstenanzeige eine logische Folge des Planes. Der Umstand, dass bei volljährigen Personen nicht unbedingt große Suchaktivitäten entwickelt werden, wenn sie ihren bisherigen Lebenskreis verlassen, kam den Angeklagten besonders zugute. Dass allerdings die Bachsohle des Brunnenbaches in Zeitabständen von etwa fünf Jahren gründlich reguliert und ausgehoben wird, das konnten Margarete und Heinrich Fichtner nicht ahnen. Nur diesem Umstand ist es zu verdanken, dass die Leiche des Vitus Hofmann gefunden worden ist, und das schwere Verbrechen überhaupt aufgedeckt werden konnte.« Wegen gemeinschaftlich begangenen Mordes forderte der Staatsanwalt schließlich die einzig im Gesetz vorgesehene Strafe, lebenslänglich.

Die beiden Verteidiger versuchten, die Beweiskette zu sprengen. Sie stellten in Zweifel, dass die im Brunnenbach gefundene Leiche überhaupt die von Vitus Hofmann war. Für ihre Mandanten forderten sie Freisprüche. Als sich das Gericht zur Urteilsberatung zurückzog, nannte es nicht einmal einen Termin für die Urteilsverkündung. Ein in höchstem Maße ungewöhnlicher Vorgang bei einem Mordprozess.

Sechs Tage vor der Urteilsverkündung wurden die Haftbefehle gegen Margarete und Heinrich Fichtner aufgehoben und die beiden Angeklagten auf freien Fuß gesetzt.

Der Schwurgerichtssaal war zum Bersten voll, als der Gerichtsvorsitzende die Entscheidung verkündete. »Im Namen des Volkes ergeht folgendes Urteil: Die Angeklagten werden ... freigesprochen. Die Kosten des Verfahrens übernimmt die Staatskasse. Für die erlittene Untersuchungshaft steht den Angeklagten eine Entschädigung ...« – hier wurde der Richter durch gut 100 Rufe von Leuten im Gerichtssaal, die ihn zu missverstehen glaubten, unterbrochen – »... nicht zu.«

Tumult herrschte im Gerichtssaal. Erst als der Richter mit der Räumung des Saales drohte, wurde es wieder still. Dann belegte das Schwurgericht anhand von zahlreichen Indizien seine Überzeugung, dass der im Brunnenbach gefundene Tote mit Sicherheit Vitus Hofmann gewesen war. Fest stand für die Richter auch, dass das Opfer in seinem Haus in der Gartenkolonie erschlagen worden war: »Das Gericht ist überzeugt davon, dass nur die beiden Angeklagten die Tat begangen haben. Es lässt sich aber nicht ausschließen, dass Vitus Hofmann nur von einem Angeklagten umgebracht wurde, und der andere nur Mitwisser gewesen ist. Nach dem Grundsatz ›in dubio pro reo‹ (im Zweifel für den Angeklagten) gilt für jeden der beiden Angeklagten: Es kann die Möglichkeit nicht ausgeschlossen werden, dass er in keiner Weise an der Tötung Hofmanns mitgewirkt hat, dieses Verbrechen vielmehr ausschließlich von dem jeweiligen anderen Angeklagten begangen worden ist. Wer von den beiden Angeklagten aber kann in diesem Fall verurteilt werden? Jeder kann Täter, Gehilfe oder nur Mitwisser sein. Wegen eines Tötungsdeliktes können also beide Angeklagte nicht bestraft werden.

Für das Gericht steht fest, dass derjenige Angeklagte, der an der Tat möglicherweise nicht beteiligt gewesen ist, den jeweils anderen in umfangreicher Weise begünstigt hat. Es gibt nämlich keinen Zweifel, dass die Leichen- und sonstige Spurenbeseitigung von den beiden Angeklagten in bewusstem und gewolltem Zusammenwirken gemeinsam vorgenommen worden ist. Jedem der beiden Angeklagten ist zumindest eine Begünstigung vorzuwerfen. Eine Begünstigung unter Ehegatten, auch wenn sie geschieden sind, ist jedoch nicht strafbar. Auch ein Richter, der von der Schuld eines Angeklagten überzeugt ist, muss bei Fehlen von Beweisen oder schlüssigen Indizien ›im Zweifel für den Angeklagten‹ entscheiden. Die beiden Angeklagten mussten deshalb freigesprochen werden.« Man sah den Richtern der Schwurgerichtskammer an, dass sie sich die außergewöhnliche Entscheidung nicht leicht gemacht hatten.

Die Zuhörer im Saal und die später durch Gerichtsreporter informierte Öffentlichkeit konnten und wollten den Urteilsspruch aber nicht verstehen, geschweige denn akzeptieren. Als Margarete und Heinrich Fichtner sichtlich erleichtert das Gerichtsgebäude verließen, wurden sie von der aufgebrachten Menge als »Mordgesindel« beschimpft.

Kapitel 5

Kurschatten

Die Wanduhr im Büro zeigte an jenem tristen Augustmittwoch 1974 bereits 9.30 Uhr. Stadtdirektor Sperling, Stadtrat von Augsburg, verantwortlich für das Wirtschaftsreferat und voll von Ambitionen auf einen Posten in der Staatsregierung München, war verärgert und ungeduldig. Seine Vorzimmerdame, die 42-jährige Margit Schunkula, war noch immer nicht zum Dienst erschienen, diese Unpünktlichkeit erboste ihn. Er rief den Bürovorsteher, machte ihm Vorhaltungen und erfuhr, dass dieser bei der Mitarbeiterin bereits angerufen aber keine Verbindung bekommen hatte. Der Kraftfahrer Müller und der Bürobote Huber, die der Bürovorsteher zur Wohnung von Frau Schunkula schickte, kamen unverrichteter Dinge zurück. Niemand öffnete auf ihr Läuten, obwohl im Flur Licht brannte. Der Bürovorsteher erhielt den Auftrag, die Polizei zu verständigen, zwar äußerte er Bedenken, diese wurden jedoch barsch vom Stadtdirektor zurückgewiesen.

Im Polizeirevier 3 in Augsburg war man wegen der vermeintlichen Privatangelegenheit mokiert, schickte dann aber doch einen Streifenwagen zu Margit Schunkulas Wohnung in einem fünfstöckigen Mietshaus mit drei Läden im Erdgeschoss in der Klinkerbergstraße 4. Die Beamten läuteten vergeblich an der Haustür. Von der aufmerksam gewordenen Nachbarin erfuhren sie, dass bereits zwei Männer von der Stadtverwaltung da gewesen waren. »Da muss was nicht in Ordnung sein. Frau Schunkula ist eine recht gewissenhafte Frau. Wir wohnen jetzt schon an die sieben Jahre nebeneinander in diesem Haus. Ich habe gestern Abend hier im Treppenhaus noch kurz mit ihr gesprochen. Sie hat etwas von einem Besuch gesagt, den sie noch erwartet.«

Polizeimeister Schweiger versuchte nun durch die Postklappe an der Wohnungstür Schunkulas nach innen zu schauen. »Das Flurlicht brennt«, stellte er fest, »wenn sie weggegangen wäre, hätte sie das Licht aber ausgemacht.« Die Polizisten entschlossen sich daraufhin, die Wohnungstür von der Feuerwehr öffnen zu lassen. Beim Eintreten in den Flur rief Schweiger erschrocken: »Da ist tatsächlich etwas nicht in Ordnung. Der Teppich ist ganz verschoben und da hinten ist alles voller Blut.« Die Nachbarin und der Feuerwehrmann drängten zur Türöffnung, doch der Polizeibeamte hielt sie zurück. Vorsichtig machte Polizeimeister Schweiger die Tür weiter auf und trat in den Flur. Er bemerkte, dass die Wohnzimmertür zur Hälfte offen stand. Dahinter lag mitten im Zimmer eine Frau auf dem Fußboden, die Bekleidung war in Unordnung, die Geschlechtspartie freigelegt. Überall war Blut zu sehen: am Körper der Frau, auf dem Fußboden, an der Wohnzimmertür und an den Wänden. »Die ist tot«, sagte der Polizist, »wahrscheinlich erschlagen. Am Kopf ist alles voller Blut ... wahrscheinlich ein Notzuchtverbrechen.« Sofort wurde die Kriminalpolizeiinspektion Augsburg verständigt.

Die Tatortarbeit

Als Leiter der Mordkommission bei der Kriminalpolizei Augsburg kam Kriminalhauptkommissar Wengenmeier, ein 40 Jahre alter, in Mordermittlungsverfahren erfahrener Beamter, an den Tatort, begleitet wurde er von seinen unmittelbaren Mitarbeitern Kriminaloberkommissar Bauer und Kriminalkommissar Schöberl. Drei weitere Beamte vom Erkennungsdienst mit Fotoapparaten und Koffern hielten sich im Hintergrund. Während Polizeimeister Schweiger berichtete, traf auch der Gerichtsarzt im Flur der Wohnung Schunkula ein. »Na, dann wollen wir mal«, brummte Hauptkommissar Wengenmeier, er ließ dem Arzt den Vortritt, steckte demonstrativ beide Hände in die Hosentaschen und ging in die Wohnung. Jedes Mal, wenn der Leiter der Mordkommission den Tatort eines Verbrechens betrat, vergrub er seine Hände in den Hosen- oder Manteltaschen. Er hatte dafür auch eine ganz einfache Erklärung, solange er die Hände in den Taschen hatte, konnte er auch nicht unbeabsichtigt irgendwelche Gegenstände anfassen und damit Spuren vernichten oder irreführende setzen.

Im Wohnzimmer beugte sich der Gerichtsarzt über den am Boden liegenden, weiblichen Körper. Im Kopfbereich war alles mit Blut besudelt, die Haare waren zerzaust. Der

Sachverständige zog ein Augenlid nach unten, danach fühlte er an der Halsschlagader. Nach weiteren Untersuchungen wendete er sich dem Kriminalbeamten zu, der sich in der Zwischenzeit im Zimmer einen Überblick verschafft hatte, und erklärte: »Höchstwahrscheinlich mit einem kantigen Gegenstand erschlagen, aber auch Würgemale am Hals. Die Todesursache kann erst durch eine Obduktion genau festgestellt werden.« »Und wie lange ist sie schon tot?« fragte Hauptkommissar Wengenmeier. Der Gerichtsarzt zuckte mit den Achseln. »Ich würde meinen seit den gestrigen Abendstunden. Aber den Zeitpunkt kann ich erst nach genaueren Untersuchungen enger eingrenzen.«

»So, jetzt seid ihr dran«, forderte Hauptkommissar Wengenmeier seine Kollegen vom Erkennungsdienst auf. Die Beamten fotografierten, maßen die Lage der Leiche, suchten nach Spuren, pinselten verdächtige Gegenstände mit Argentorat ein, klebten Folien darauf und zogen diese auf Spurenträgern ab.

Der Tatort erzählt

Währenddessen holte der Leiter der Mordkommission seine Mitarbeiter in die Wohnung. Die drei Kriminalbeamten ließen den Tatort auf sich einwirken. »Die Frau muss bei der Hausarbeit gewesen sein, als der Täter sie niedergeschlagen hat«, stellte Oberkommissar Bauer fest. »Wieso?« fragte Wengenmeier. »Die Tür des Besenschranks im Flur steht offen. Der Staubsauger, der vermutlich im Besenschrank verwahrt war, liegt neben der Leiche. Er ist mit dem Kabel noch im Stecker des Stromnetzes angesteckt. Dort neben dem Spülstein liegt eine zusammengelegte Teppichbrücke und ein Handbesen.« »Gut beobachtet«, brummte Wengenmeier. »Aber vorher muss sie wohl noch Getränke aus dem Keller geholt haben«, warf Kommissar Schöberl ein. »Dort liegt nämlich ein Plastikeimer, in dem einige Flaschen Limonade und Bier sind. Und Holzscheite liegen auch herum, offensichtlich wollte sie im Kamin Feuer machen.«

»Die Polstergarnitur und der Tisch sind verschoben«, meinte Hauptkommissar Wengenmeier und sprach als Gedankenstütze in sein immer mitgeführtes, handliches Diktiergerät: »Die Stehlampe dahinter ist umgeworfen. Das Licht in der Lampe brennt noch. Blutspritzer an der Decke und der Wand über der Couch lassen den Schluss zu, dass die ersten Verletzungen beim Opfer im Wohnzimmer gesetzt wurden. Die Pantoffeln des Opfers unmittelbar an der Tür des Wohnzimmers zur Diele weisen daraufhin, dass die Frau dem Täter rückwärts in die Diele zu entweichen versucht hat. Die starken Blutverschmierungen und die offensichtlich von den Haaren stammenden Blutwischspuren unmittelbar an der Tür zur Diele und in der Diele selbst lassen erkennen, dass dort das Opfer nach der ersten Gewaltanwendung zu Fall kam und die Brille verlor. Anhand der größeren Blutlache unmittelbar vor der Tür zum Bad kann angenommen werden, dass das Opfer dorthin kroch und dann das Bewusstsein verloren hat. Die Verschiebung des Teppichläufers in der Diele, der kleine Läufer unter der Leiche, die Veränderung des Mobiliars im Wohnzimmer und die Blutwischspuren lassen die Annahme zu, dass das Opfer vom Täter bereits liegend und wahrscheinlich bewusstlos wieder in das Wohnzimmer zurückgezogen worden ist. Das Holzscheit dort mit Blutanhaftungen ... unmittelbar neben der Leiche zusammen mit den Würgespuren am Hals des Opfers lassen darauf schließen, dass der Täter die Frau letzten Endes mit dem Holzscheit zu Tode gebracht hat.«

»Aber das Schlagwerkzeug?«, fragte Oberkommissar Bauer. »Die Schläge gegen den Kopf des Opfers müssen enorm gewesen sein. Wo käme denn sonst so viel Blut her?« »In der Diele liegt in einer Blutlache ein etwa 45 cm langer Schuhlöffel aus Messing«, warf Kommissar Schöberl ein. »Näheres können wir erst sagen, wenn bei der Obduktion die Wunden am Kopf des Opfers genauer ersichtlich sind«, sagte Wengenmeier. »Aber behalten wir den Schuhlöffel als mögliches Tatwerkzeug im Gedächtnis.«

»Das teilweise Entkleiden des Opfers und die Entblößung der Genitalien müssen wohl erst nach der Tat vorgenommen worden sein«, meinte Kommissar Schöberl. »Richtig«, brummte Wengenmeier. »Man kann davon ausgehen, dass diese geschlechtsbezogene Situation vorgetäuscht ist. Wir sollten wohl veranlasst werden, ein Sexualverbrechen anzunehmen.«

»Dort neben dem zurückgeschobenen Polsterstuhl liegt ein Emaileimer«, wies Oberkommissar Bauer hin. »Der Deckel dazu liegt halb unter dem Tisch.« »Das scheint der Abfalleimer zu sein«, sagte der Kommissionsleiter. »Ein weiterer Beweis dafür, dass die Bewohnerin bei der Hausarbeit war. Reste der verbrannten Kohle aus dem Ofen liegen in der Nähe. Die Frau hat wohl den Ofen anheizen wollen und vorher die Asche herausgenommen und in den Abfalleimer getan. Der Täter muss ihn bei seinen Aktivitäten umgeschmissen haben.«

Der Leiter des Erkennungsdienstes meldete sich bei Hauptkommissar Wengenmeier: »Wir sind jetzt mit der Sicherung des Tatortbefundes soweit fertig, dass die Leiche abtransportiert werden kann. Mit der übrigen Spurensuche und -sicherung werden wir wohl noch einige Stunden brauchen.« »Da verlasse ich mich ganz auf Sie, Herr Kollege«, antwortete Hauptkommissar Wengenmeier. »Den Tatortspurenbericht bekomme ich ja wie gewohnt. Aber bitte veranlassen Sie den Abtransport der Leiche.«

Plötzlich läutete das Telefon. Die Kriminalbeamten schauten sich erstaunt an, dann nahm Oberkommissar Bauer den Hörer ab: »Ja, bitte.« Eine Männerstimme meldete sich: »Ist dort nicht der Anschluss von Margit Schunkula?« »Ja, doch«, sagte der Kriminalbeamte. »Um was dreht es sich denn? Kann ich etwas ausrichten?« Der Mann am Ende der Leitung druckste herum: »Eigentlich nicht, ich wollte gern mit Margit selber sprechen.« Oberkommissar Bauer gab sich nun als Kriminalbeamter zu erkennen und fragte nach dem Namen und der Beziehung zu der Wohnungsinhaberin.

»Mein Name ist Ehmeter, Paul Ehmeter. Ich bin ein guter Bekannter von Margit, ich meine von Frau Schunkula. Aber was ist denn los?« »Wo können wir sie erreichen, Herr Ehmeter?«, fragte der Kriminalbeamte. »Ich bin im Notariat Dr. Helmer Büroleiter und jetzt im Dienst«, antwortete der

Mann am Telefon. »Gut, dann halten Sie sich dort bereit«, bestimmte der Beamte, »in der nächsten Stunde wird ein Kollege bei Ihnen vorbeikommen.«

»Ein guter Bekannter angeblich«, berichtete Oberkommissar Bauer seinem Chef. »Den nehmen wir uns gleich einmal vor«, sagte Wengenmeier und bestimmte seinen Mitarbeiter Bauer für diese Aufgabe. Kommissar Schöberl erhielt den Auftrag, sich im Haus und der Nachbarschaft umzuhören. »Du weißt schon ... Bekanntschaften, Besuche, Leumund, irgendwelche Besonderheiten gestern Abend und in der Nacht. Ich selbst werde mich auf den Weg ins Büro der Toten machen. Ich muss ja wohl dem Stadtdirektor Sperling Bescheid geben, dass er mit seiner Sekretärin nicht mehr rechnen kann.« Zwei schwarzgekleidete Männer kamen mit einem Hartplastiksarg in die Wohnung. Sie schauten zu Hauptkommissar Wengenmeier, der nur nickte. Die Männer legten die Leiche in den Sarg und trugen sie aus der Wohnung. Der Hauptkommissar schaute sich noch einmal im Wohnzimmer um, ehe er zu seinen Kollegen vom Erkennungsdienst sagte: »Also ich kann mich auf euch verlassen ... große Tatortbefundsaufnahme ... alles, auch die kleinste Nebensächlichkeit registrieren. Wir treffen uns am Nachmittag in meinem Büro.«

Der Bericht des Erkennungsdienstes

»Die Tat ereignete sich in der Wohnung des Opfers, einer Mietwohnung im fünfgeschossigen Anwesen Klinkerbergstraße 4 am westlichen Rand der Altstadt ... 13 Parteien, drei Läden im Erdgeschoss, Aufzug, elektrischer Türöffner, Telefon. Die Wohnung besteht aus einem Wohnzimmer mit einer Kochnische, einem Schlafzimmer, einem Badezimmer und der Diele. Schlafzimmer und Badezimmer sind aufgeräumt und äußerst sauber. Spuren, die auf die Tat oder den Täter hinweisen könnten, sind dort nicht vorhanden.

Die Diele wird vom Treppenhaus durch die Wohnungstür unmittelbar erreicht. Sie verläuft nach Süden und endet am Zugang zum Wohnzimmer. Der Raum ist 4 Meter lang und 2 Meter breit, von ihm gehen seitlich die Türen zum Schlafzimmer und zum Badezimmer ab. Die Deckenbeleuchtung ist eingeschaltet. Am Südende der Diele in der Nähe der Wohnzimmertür liegt ein zusammengeschobener Flurläufer aus Sisalhanf. Der Läufer ist teilweise mit Blut beschmiert. Der Fußbodenbelag besteht aus Linoleum.

Im Bereich der Westwand der Diele sind auf dem Boden in Richtung Wohnzimmertür vereinzelte, kleine Blutspritzer in unregelmäßigen Abständen zu sehen. Am Holzrahmen der Wohnzimmertür und an der Glasfüllung befinden sich bis zu einer Höhe von 80 cm mehrere unregelmäßige Blutverschmierungen. Der Türrahmen der Wohnzimmertür ist beiderseits bis zu einem Meter hoch mit Blut besudelt, wobei die Blutverschmierungen an der linken Seite überwiegen. Vor der nur angelehnten Besenkammertür an der Ostseite der Diele sind auf dem Fußboden erhebliche Blutspuren vorhanden, die bis unter den Flurläufer reichen.

Unmittelbar an der Schwelle zum Badezimmer befindet sich auf dem Fußboden eine 30 cm x 30 cm große Blutlache.

Sie geht in Richtung zur Wohnzimmertür in die dort vorhandenen Blutverschmierungen über. In Richtung zum Badezimmer setzt sich die Blutlache über die Türschwelle auf den Fußboden des Badezimmers fort. Die Blutlache ist auffallend dick, aber bereits angetrocknet. Es kann angenommen werden, dass das Opfer an dieser Stelle eine kurze Zeit gelegen hat.

Der zusammengeschobene Flurläufer wird nun weggenommen. Dabei wird festgestellt, dass die vorher beschriebenen Blutverschmierungen sich unter dem Läufer fortsetzen und erheblich erweitern. Sie reichen bis in die Südwestecke der Diele und verdicken sich dort wieder auffällig. In dieser Ecke ist nicht nur der Fußboden, sondern sind auch die Wände bis auf eine Höhe von 30 cm mit Blut beschmiert. In der Blutlache in der Südwestecke der Diele liegt eine Brille, die ebenfalls mit Blut behaftet ist.

Unmittelbar vor dem Wohnzimmereingang – ursprünglich allerdings durch den Flurläufer verdeckt – liegt ein 45 cm langer Schuhlöffel aus Messing mit braunem Kunstledergriff, der ebenfalls mit Blut behaftet ist. Der Schuhlöffel gehört offensichtlich zu einer Dielengarnitur in der Südwestecke, an der noch die Kleiderbürste hängt. Finger- bzw. Handflächenabdruckspuren finden sich an dem Schuhlöffel nicht, gleich neben ihm liegt ein Perlmuttknopf in der Blutlache, der offensichtlich zu der von der Getöteten getragenen Bluse gehört. Unweit der Brille liegt auch ein Büschel blutdurchtränkter Haare.

Das Wohnzimmer wird von der Diele aus in südlicher Richtung betreten, es misst 4 m x 5,60 m. Die Tür steht halb offen und erlaubt einen Blick in das Zimmer. Durch den Türspalt ist die Leiche der Wohnungsinhaberin auf dem Boden liegend zu erkennen. Die Deckenbeleuchtung ist abgeschaltet. Das elektrische Licht der im Wohnzimmer befindlichen, jedoch halb umgeworfenen Stehlampe brennt.

Die Möbel in der westlichen Hälfte des Wohnzimmers sind verschoben (zweisitzige Couch, Tisch, Polsterstuhl). Der Wohnzimmerteppich ist verrutscht und in einer Hälfte zusammengeschoben. Auf diesem Teil des Teppichs liegen ein Plastikeimer mit vier Flaschen Kloster-Malz-Trunk, zwei Flaschen Limonade und drei Flaschen Bier. Die noch ungeöffneten Flaschen sind zum Teil aus dem umgeworfenen Plastikeimer herausgerutscht. Neben dem Plastikeimer liegt Brennholz in Form von kleinen Holzscheiten, die verstreut auf dem Teppich liegen. Ein Holzscheit liegt in unmittelbarer Nähe des Kopfes der Leiche etwas unter der Couch und ist blutverschmiert. Es kann angenommen werden, dass dieses Holzscheit als Werkzeug zum Erwürgen des Opfers benutzt worden ist.

Neben dem zweiten Polstersessel liegt ein weißer Emaileimer und unweit davon der dazugehörige Deckel. Es handelt sich offensichtlich um den Abfalleimer, in dem Kohlerückstände und Asche waren. Der Boden des Eimers ist an der Außenseite stark mit Blut verschmiert. Am Liegeort des Eimers ist allerdings kein Blut vorhanden. Wie das Blut an die Unterseite des Eimers gekommen ist, kann nicht geklärt werden, vermutlich hat der Eimer zunächst im Bereich von Blutlachen gelegen, und der Täter hat ihn nachher beim Hantieren am Opfer in die festgestellte Lage gebracht. Seitlich neben der Leiche in Richtung Balkonfenster liegt längsseits ein Staubsauger, der mit seinem Anschlusskabel an das Stromnetz angeschlossen jedoch nicht eingeschaltet ist. Auch im Wohnzimmer befinden sich Blutverschmierungen. Im unteren Drittel der halb geöffneten Wohnzimmertür, am Türrahmen beiderseits bis zu einer Höhe von 30 cm und auf der Türschwelle, sowie am Fußboden bei der Türschwelle befinden sich starke Blutspuren, die sich mit jenen auf dem Fußboden in der Diele außerhalb der Wohnzimmertür verbinden. An der Westwand beginnend über der Couch und bis zur Südwestecke des Zimmers verlaufend sind verstreut mehrere kleine Blutspritzer zu sehen, die teilweise bis zur Zimmerdecke reichen. Die Spritzer haben nach oben gerichtete Merkmale.

Die Leiche liegt auf dem Fußboden des Wohnzimmers einen Meter von dem neben der Eingangstür an der Nordwand des Zimmers stehenden Zimmerofen entfernt. Sie befindet sich in Rückenlage. Der Kopf der Leiche liegt fast in Höhe der Couch und zeigt nach Westen. Der Körper und die Beine sind ausgestreckt, die Beine geschlossen. Sie zeigen nach Osten. Kopf, Rücken, Gesäß und Beine liegen somit fast in einer Linie auf dem Fußboden auf. Die rechte Körperseite liegt leicht auf dem Staubsauger. Das Gesicht zeigt nach oben. Im Bereich des Kopfes sind am Fußboden erhebliche Blutspuren in einer Größe von cirka einem Quadratmeter vorhanden. Diese Blutspuren zeigen eindeutig, dass der blutverschmierte Kopf mit den Haaren mehrmals bewegt worden ist. Die Haare sind völlig mit Blut verklebt und blutdurchtränkt.

Im Bereich der linken Augenbraue, der linken Stirnseite, am Haaransatz und im behaarten Kopf in der Scheitelgegend sind größere klaffende Wunden vorhanden, welche zweifellos Ursache der erheblichen Blutspuren in der Wohnung sind. Unterhalb der Kinnspitze ist eine größere blutunterlaufene Stelle zu sehen. Die Leiche ist bekleidet mit einer braunviolett-weißgemusterten Bluse, die bis zum Hals hochgeschoben ist. Die beiden unteren Knöpfe der Bluse sind dabei noch geschlossen, ein Knopf fehlt. Es handelt sich hierbei um den in der Diele gefundenen Perlmuttknopf. Beide Brüste der Toten sind freigelegt.

Die Frau trägt einen hellbeigen Rock in der gleichen Farbe und Stoffart, wie die in der Diele an einer Garderobe hängende Kostümjacke. Der Rock ist zusammen mit einem weißen Unterrock und einem violetten Hüftgürtel bis zum Brustansatz hochgeschoben, so dass der Unterkörper vom Bauchansatz bis zu den Knien freiliegt. Ein Schlüpfer und ein Büstenhalter sind zunächst nicht zu sehen. Die getragenen Perlonstrümpfe sind vom Hüftgürtel gelöst und bis zu den Knien heruntergestreift. Die Kleidung der Toten und die Strümpfe sind mit unregelmäßigen Blutflecken und Blutverschmierungen behaftet.

Es wird nunmehr die hochgeschobene Bluse geöffnet. Dabei zeigt sich, dass die Tote im Bereich des Halses, unter dem Kinn und an der rechten Schulter zahlreiche blutunterlaufene Stellen hat. An der Halsvorderseite ist eine 7 cm x 4 cm große blutunterlaufene Stelle zu erkennen. Im unteren Drittel dieser Stelle ist deutlich der Abdruck des von der Frau getragenen Halskettchens zu sehen.

Die Leiche wird nun umgedreht, es kommt ein violetter Schlüpfer zum Vorschein. Der Schlüpfer ist unbeschädigt, er liegt rechts unter dem Gesäß. Unter der Frau findet sich auch der Büstenhalter, dieser ist in der Mitte zwischen den beiden Brustschalen aufgeschnitten, so dass er nur mehr mit den Trägern über den Schultern der Toten und der Bluse liegt.

Irgendwelche Spuren, die auf einen stattgefundenen Geschlechtsverkehr hinweisen könnten, sind nicht erkennbar. Spermaspuren sind weder an der Leiche, noch an der Kleidung oder sonst am Tatort festzustellen. In der Tatwohnung wurden insgesamt zwölf Fingerabdruckspuren gesichert, sechs davon sind auswertbar. Fünf dieser auswertbaren Fingerabdruckspuren stammen eindeutig von der Toten. Bei der sechsten Spur handelt es sich um eine Griffspur an der Wohnungstür, die bisher nicht identifiziert werden konnte. Zum Zweck der Untersuchung durch Sachverständige wurden ein Schuhlöffel, ein Perlmuttknopf, eine Brille und die Bekleidung der Toten sichergestellt.«

Mühevolle Kleinarbeit

Kurz vor der Mittagspause kam Hauptkommissar Wengenmeier ins Rathaus, um die Nachricht vom gewaltsamen Tod der Chefsekretärin zu überbringen. Stadtdirektor Sperling reagierte zunächst distanziert, zeigte sich dann aber doch betroffen. Er erinnerte sich, dass Frau Schunkula äußerst zuverlässig und zuvorkommend gewesen war, immer zur vollsten Zufriedenheit gearbeitet und klaglos viele Überstunden gemacht hatte, zudem war sie immer pünktlich gewesen. Über ihr Privatleben wusste der Stadtdirektor angeblich nichts, nur dass ihre Stiefmutter ab und zu einmal ins Büro kam, um Privates zu besprechen. Wengenmeier überprüfte das Alibi des Stadtdirektors und erfuhr, dass dieser zur tatkritischen Zeit bei einer Besprechung in der Landesleitung seiner Partei in München war und dafür mehrere Zeugen hatte.

Die zweite Vorzimmerdame, die 23-jährige, wasserstoffblonde Edith Sommer, wusste einiges Interessantes aus dem Privatleben von Frau Schunkula zu erzählen, denn die beiden waren trotz des Altersunterschiedes eng befreundet. Bei der Durchsicht des Schreibtischs der Chefsekretärin fand Hauptkommissar Wengenmeier drei in Steno geschriebene Notizbücher aus den zurückliegenden Jahren und zwei Schreibtischkalender, die ebenfalls eine Menge Aufzeichnungen enthielten. Die Beamten des Erkennungsdienstes suchten in der Zwischenzeit überall in der Tatwohnung nach Spuren und fanden unter anderem eine Menge Briefe, offensichtlich Liebesbriefe von verschiedenen Männern, vier beschriebene Notizbücher und einen Kalender mit Vermerken.

Kriminalkommissar Schöberl befragte die Nachbarschaft, den meisten Bewohnern war bekannt, dass Frau Schunkula bei der Stadtverwaltung gearbeitet hatte. Sie wurde als nicht besonders attraktive, aber immer sehr gepflegte, nach außen kühl und einsam wirkende Frau beschrieben, von einem älteren Ehepaar und männlichen Arbeitskollegen hatte sie öfter Besuch bekommen. Die unmittelbare Wohnungsnachbarin berichtete, dass sie Frau Schunkula am Vorabend gegen 18 Uhr im Treppenhaus vor der Wohnungstür getroffen habe. Bei der Verabschiedung hatte Frau Schunkula wegen des von ihr erwarteten Besuchs gesagt: »Jetzt muss ich schnell noch die Wohnung in Ordnung bringen und aus dem Keller etwas zu trinken holen.« Die Wohnungsnachbarin wollte auch am Abend gegen 21.30 Uhr noch die volle Beleuchtung in der Wohnung Schunkula gesehen haben. Von den übrigen Nachbarn hatte zur tatkritischen Zeit niemand etwas Besonderes bemerkt, keine Hilfeschreie, Schläge oder sonstigen Lärm wahrgenommen. Der 17-jährige Nachbarsohn hörte 18.10 Uhr lediglich die Wohnungstür der Frau Schunkula ins Schloss fallen.

Kriminaloberkommissar Bauer suchte den Mann auf, der sich bei der Tatortaufnahme telefonisch nach Frau Schunkula erkundigt hatte. Der Notariatsamtmann Paul Ehmeter berichtete ihm, dass seine Familie mit Frau Schunkula gut befreundet war. Die Chefsekretärin war sogar die Taufpatin seines Enkels. Ehmeter erzählte, dass er ursprünglich mit seiner Frau am Vorabend die gemeinsame Bekannte besuchen wollte, es sei ihnen aber etwas dazwischen gekommen.

Aus der Arbeit der Gerichtsmedizin

Am Morgen des nächsten Tages wurde die Leiche der Margit Schunkula im gerichtsmedizinischen Institut obduziert.

Anwesend waren neben den Gerichtsmedizinern der Ermittlungsrichter, der die Obduktion angeordnet hatte, ein Staatsanwalt, der Leiter des kriminalpolizeilichen Erkennungsdienstes und ein Urkundsbeamter des Gerichts. Die Leiche wurde zunächst äußerlich in Augenschein genommen und vom Erkennungsdienst fotografiert, danach wurde sie entkleidet. Die Bekleidung nahm der Kriminalbeamte in Verwahrung, sie war für die Untersuchungen nach Kontaktspuren wichtig und wurde später dem Labor des Landeskriminalamts übergeben. Schließlich wurde die Leiche geöffnet, der Obduzent beschrieb die Beschaffenheit der Leiche und diktierte dem Urkundsbeamten:

»An der Stirn links gibt es 40 mm oberhalb der linken Augenbraue, 10 mm links seitlich von der Mittellinie beginnend, eine querverlaufende 25 mm lange und bis zu 15 mm breite, klaffende Riss-Platzwunde mit nicht ganz scharfen Rändern. In der Tiefe der Wunde tritt der Schädelknochen zutage. Im behaarten Kopf gibt es etwas rechts von der Mittellinie am Scheitel eine scharfrandige, querverlaufende 40 mm lange und bis zu 8 mm breite klaffende Wunde, die bis zum Schädelknochen reicht. Über dem rechten Schlüsselbein, etwa in der Mitte, findet sich eine fast sternförmige Hautabschürfung. Die Haut ist hier unregelmäßig blaurot gefärbt. Die Fleckung ist entlang des Schlüsselbeins bis zum Ansatz des Brustbeins zu erkennen und geht auf die ganze Halsvorderseite über. Die äußeren Geschlechtsorgane sind bei brauner, weiblicher Behaarung unversehrt, keine Spermaspuren. Beim Abziehen der harten Hirnhaut vom Schädelgrund kommt ein Knochenbruch am Dach der Augenhöhle links zum Vorschein, welcher schräg von links vorn außen nach rechts hinten zur Mitte zu verläuft. Asserviert wurden Leichenblut, Urin, Mageninhalt, Dünndarminhalt, Halshaut, Fingernägel mit Hautansatz, Abstriche aus Scheide, Gebärmutter und After zum Nachweis von Spermien.«

Während die Mediziner noch bei der Arbeit waren, kam Hauptkommissar Wengenmeier in die Sektionshalle. Er bekam die Auskunft, dass als Todesursache Erwürgen ermittelt wurde, außerdem waren ein Bruch des knöchernen Daches der linken Augenhöhle und Einwirkungen erheblicher äußerer Gewalt auf den Kopf festgestellt worden.

Eine erste Bestandsaufnahme

Um 15 Uhr wurde Hauptkommissar Wengenmeier zu Kriminalrat Waiden, dem Chef der Kriminalpolizei Augsburg gerufen. »Na, Herr Kollege, wie schaut es nun aus im Fall Schunkula?«, fragte der Kriminalrat. »Ziemlich trostlos, Chef«, gestand der Leiter der Mordkommission. »Wir müssen davon ausgehen, dass das Opfer den Täter freiwillig in die Wohnung gelassen hat. Die Tatsituation lässt vermuten, dass Frau Schunkula im Wohnzimmer mit Hausarbeiten beschäftigt war, als der Täter kam. Dafür spricht einmal die offene Tür des Besenschrankes im Flur. Der Staubsauger war mit dem Kabel noch am Stromnetz angeschlossen aber ausgeschaltet und lag neben der Leiche im Wohnzimmer. Und schließlich lag auf dem Fußboden im Wohnzimmer neben einer zusammengerollten Teppichbrücke ein Handbesen.

Der erste Angriff auf das Opfer dürfte im Wohnzimmer stattgefunden haben, denn dort wurden Couch und Tisch vom ursprünglichen Standplatz verrückt und eine Stehlampe umgeworfen. Im Bereich der Couch waren an der Zimmerdecke und an der Seitenwand feine Blutspritzer zu sehen«, erklärte Wengenmeier.

»Frau Schunkula hat wohl aufgrund des Läutens an der Wohnungstür den Staubsauger abgestellt und den Täter in die Wohnung gelassen. Sie wird ihn wahrscheinlich ins Wohnzimmer geführt haben, in dem es dann bald zu einer Auseinandersetzung kam. Der Täter muss der Frau noch im Wohnzimmer mit einem scharfkantigen Gegenstand mehrere Schläge auf den Kopf versetzt haben. Platzwunden an der Stirn links in der Scheitelgegend und über der linken Augenbraue beweisen dies. Übrigens, der Täter muss ein Rechtshänder gewesen sein, weil die Verletzungen am Opfer auf der linken Kopfseite sind. Außerdem müssen sich Täter und Opfer von Angesicht zu Angesicht gegenübergestanden haben, denn die Verletzungen sind am Kopf vorn an der Stirn und Scheitelgegend. Merkwürdig ist, dass Frau Schunkula nicht um Hilfe gerufen hat. Das Haus ist sehr hellhörig. In der Nachbarwohnung war der Sohn der Nachbarsleute zur tatkritischen Zeit anwesend, er hat jedoch nur das Staubsaugergeräusch und auch ein paar Mal das Öffnen und Schließen von Türen gehört. Hilferufe hat er aber nicht vernommen.« Nach einer kurzen Gedankenpause fuhr der ermittelnde Beamte fort: »Frau Schunkula muss nach den Schlägen in den Flur gelaufen sein, wo sie, wie die Blutspuren beweisen, zu Boden gefallen ist oder gestoßen worden ist. Aufgrund der schweren Kopfverletzungen, das knöcherne Dach der linken Augenhöhle ist gebrochen, ist wahrscheinlich Bewusstlosigkeit eingetreten. Anschließend hat der Täter sein erheblich blutendes Opfer am Oberkörper, möglicherweise auch an den Haaren gefasst und rückwärts in das Wohnzimmer geschleift. Dabei wurde der Teppichläufer im Flur zusammengeschoben. Auch der Teppich im Wohnzimmer kann nur durch das Hereinschleifen der wahrscheinlich bewusstlosen Frau zusammengeschoben worden sein. Im Wohnzimmer muss der Täter eines der Holzscheite, die zum Heizen bereitgelegt und beim vorherigen Kampf verstreut worden waren, genommen und damit sein Opfer erdrosselt haben. Um eine Sexualtat vorzutäuschen, hat der Täter die Frau teilweise entkleidet, den Schlüpfer ausgezogen, die Strümpfe vom Strumpfhalter gelöst und über die Knie heruntergezogen. Die Lage der Leiche, geschlossene Beine, keine Verletzungen der Genitalien, keine Spermaspuren, deutet nicht auf einen Sexualmörder hin. Auch ein Raubmord muss ausgeschlossen werden. Die Wohnung wurde nicht durchsucht, es fehlt auch offensichtlich nichts. Der Täter muss sich an den Händen und an der Kleidung erheblich mit Blut besudelt haben. Blutwischspuren sind an den Beinen und Strümpfen des Opfers und auch am Verschluss des geöffneten Büstenhalters vorhanden.

Das Werkzeug, mit dem die Schläge auf den Kopf des Opfers geführt worden sind, fanden wir bisher nicht. Es liegt zwar ein blutverschmierter Messingschuhlöffel im Flur, aber der dürfte wohl zu leicht für die Schläge gewesen sein. Im Wohnzimmer haben wir auch noch einige volle Bier- und

Limoflaschen gefunden, aber von denen war keine beschädigt oder mit Blut behaftet«, teilte Wengenmeier die angestellten Überlegungen mit. »Die Verletzungen am Kopf des Opfers lassen auf eine erhebliche Kraftanstrengung schließen. Bemerkenswert ist auch, dass dem Opfer ganze Büschel des Kopfhaares ausgerissen worden sind. Die ganze Situation lässt vermuten, dass der Täter mit unvorstellbarer Brutalität vorgegangen ist. Hinsichtlich eines möglichen Täters haben wir zunächst nur vage Anhaltspunkte. Aus den Aufzeichnungen von Frau Schunkula und den Aussagen der mit ihr befreundet gewesenen Arbeitskollegin müssen mehrere Liebhaber der Frau in die näheren Überprüfungen einbezogen werden«, schloss Wengenmeier seine Ausführungen.

Eine böse Stiefmutter

Bei den Nachforschungen nach Angehörigen der Toten wurde Frau Schunkulas Stiefmutter in Augsburg ausfindig gemacht. Im zweiten Stock des etwas heruntergekommenen Mietshauses Schutterstraße 12 öffnete Hauptkommissar Wengenmeier eine etwa 70-jährige, große, hagere und vergrämt aussehende, ganz in schwarz gekleidete Frau. »Was wollen Sie?«, fragte sie ohne den Gruß des Besuchers abzuwarten. »Mein Name ist Wengenmeier«, stellte sich der Kriminalbeamte vor. »Ich bin von der Kriminalpolizei.« »Ich hab mit der Polizei nichts zu tun«, sagte die Frau bissig und wollte die Wohnungstür wieder schließen. Dem Beamten gelang es jedoch gerade noch seinen Fuß zwischen Tür und Angel zu stellen. »Jetzt warten Sie doch, es geht um Ihre Tochter«, versuchte Wengenmeier erneut ein Gespräch. »Ich habe keine Tochter«, erwiderte die alte Frau. »Na ja, um Ihre Stieftochter, Margit Schunkula von der Stadtverwaltung«, ergänzte Wengenmeier. »Ja so, die ... Was ist mit ihr?« fragte die Frau nun doch interessiert. »Können wir das nicht in der Wohnung besprechen?«, entgegnete der Kriminalbeamte immer noch höflich. »Kommen Sie rein!«, befahl die Frau und machte den Eingang frei. »Was ist mit der Margit?« »Frau Schunkula, ich muss Ihnen eine schlechte Nachricht überbringen«, versuchte Wengenmeier die Frau vorzubereiten. »Ach was, reden Sie nicht um den heißen Brei herum«, unterbrach Frau Schunkula barsch.

»Gut, also Ihre Stieftochter Margit Schunkula ist tot«, sagte nun Hauptkommissar Wengenmeier etwas forscher. Die alte Frau reagierte ganz und gar nicht erschrocken oder gar hilflos und entsetzt auf diese Mitteilung. »Das gibt es doch gar nicht«, sagte sie lediglich in ihrer abweisenden Art. »Ich habe sie ja gestern Mittag in ihrem Büro bei der Stadtverwaltung noch quietschlebendig angetroffen.« Die Frau war eine Weile stumm, dann sagte sie unvermittelt: »Und wenn die Margit tot ist, was geht das die Kriminalpolizei an?« »Ja liebe Frau, verstehen Sie denn nicht?«, begann der Kriminalbeamte wieder. »Ihre Stieftochter Margit Schunkula ist umgebracht worden. Wir haben sie heute Mittag tot in ihrer Wohnung gefunden.«

»Jesus, Maria und Josef, die Margit umgebracht, nein nein, das kann ja gar nicht sein.« Die alte Frau war plötzlich wie umgewandelt und begann zu jammern. »Wo ist sie denn? Und wer hat das getan?«, fragte sie. »Ich glaube, wir sollten doch hineingehen«, schlug der Kriminalbeamte vor. Frau Schunkula führte den Besucher in ihre Wohnküche und nötigte ihn, auf einem Küchenstuhl Platz zu nehmen. Sie selbst blieb stehen und lehnte sich gegen den Küchenschrank, mit einem Anflug von Verlegenheit sagte sie: »Herr Kommissar, ich bin eine einfache, alte Frau und habe in meinem Leben viel Arges mitmachen müssen. Wenn ich vorhin etwas grob war, dann war das nicht so gemeint. Wissen Sie, ich habe eine Menge Sorgen. Ich muss aus dieser Wohnung raus, und mit einem Zimmer im Altenheim klappt es auch nicht. Deswegen war ich ja gestern bei der Margit im Büro, aber die hat keine Zeit für mich gehabt.«

»Also Frau Schunkula, Ihr Verhältnis zu Ihrer Stieftochter war nicht gut?« fragte der Kriminalbeamte. »Was heißt da nicht gut?«, antwortete die alte Frau. »Die Margit ist ja eine erwachsene Frau ... 40 Jahre alt. Sie hat schon lange ihr Leben gelebt, um mich hat sie sich nicht gekümmert. Erst in der letzten Zeit ist es etwas besser geworden, seit einem Jahr etwa. Als sie im Frühjahr im Krankenhaus war, habe ich sie fast jeden Tag besucht. Nur wenn der Ehmeter bei ihr war, bin ich nicht hingegangen.« »Der Ehmeter?«, fragte der Hauptkommissar dazwischen. »Na ja, der Ehmeter, das ist der Freund von der Margit. Ein verheirateter Mann ... viel älter als sie. Ich hab das süße Getue zwischen den beiden einfach nicht mit ansehen können.«

»Frau Schunkula, Sie sagten vorhin, dass Sie gestern bei Ihrer Stieftochter im Büro gewesen sind«, versuchte nun

Wengenmeier das Gespräch wieder auf die Stunden vor dem Tod der Chefsekretärin zu bringen. »Ja, gestern Mittag«, erklärte die Frau. »Ich muss doch hier raus und ins Altersheim, und das klappt nicht recht. Die wollen mir keinen Platz im Annastift geben, aber anderswo will ich nicht hin. Da habe ich die Margit aufgesucht, sie sollte mir helfen. Wozu ist sie denn in der Stadtverwaltung angestellt? Aber die Margit hat gestern keine Zeit gehabt, sie hat gesagt, ich soll ein andermal kommen, da haben wir ein wenig gestritten. Na ja, ist doch wahr, wenn man einmal jemanden braucht, dann hilft einem keiner. Eigentlich wollte ich ja gestern noch am Abend zur Margit gehen«, erzählte die Stiefmutter weiter, »weil wir doch am Mittag im Büro gehackelt haben, und weil das mit dem Altenheim noch zu regeln gewesen ist. Aber da hat es so geregnet, da hab ich dann doch nicht mehr weggehen wollen.«

»Was können Sie mir über den Umgang Ihrer Stieftochter sagen?«, fragte der Kriminalbeamte. »Über den Umgang?«, überlegte die Frau. »Da ist der Ehmeter, den ich vorhin schon erwähnt habe, mit dem ist die Margit schon über viele Jahre liiert. Der wohnt aber bei seiner Familie und kommt nur immer für ein paar Stunden zu ihr. Mir hat die Sache nicht gefallen, aber mich geht das ja nichts an. Ja, und da ist noch ein Mann ... Vor einigen Monaten hat die Margit mir erzählt, dass sie während ihres Kuraufenthaltes in Ehmersried einen Herrn aus Köln kennen gelernt hat, der besuchte sie auch schon hier in Augsburg. Ich glaube aber, dass es sich nur um eine harmlose Bekanntschaft gehandelt hat. Als ich die Margit nämlich einmal fragte, ob dieser Herr etwas zum Heiraten sei, hat sie mir gesagt, dass er schon verheiratet ist. Der muss bei einem Amt in Köln beschäftigt sein.«

Hauptkommissar Wengenmeier fragte noch einmal eindringlich: »Frau Schunkula, überlegen Sie einmal. Kennen Sie jemanden, der einen Grund gehabt hätte, Ihre Stieftochter umzubringen?« »Für mich ist das alles ein Rätsel«, antwortete die Frau, »die Margit hat doch niemandem etwas zu Leide getan. Nein, nein, da ist niemand, der das getan haben könnte.« Als es um die Beerdigungsformalitäten ging, verwies Frau Schunkula auf einen Bruder der Getöteten, der allerdings in Hannover wohnte. Hauptkommissar Wengenmeier verabschiedete sich von der alten Frau, nachdem er noch erfahren hatte, dass die Untermieterin das Alibi der Stiefmutter zur tatkritischen Zeit bestätigen könne. »Merkwürdig«, dachte er im Hinausgehen, »die hat gar nicht gefragt, auf welche Weise ihre Stieftochter zu Tode gekommen ist.«

Vier tatverdächtige Männer

Kriminaloberkommissar Bauer und Kriminalkommissar Schöberl setzten sich unterdessen an die sichergestellten Aufzeichnungen der Getöteten. Die beiden Männer erfuhren daraus eine Menge über die Bekanntschaften der Frau und ihr Alltagsleben, aber auch über ihr Sexualleben gab es recht detaillierte Notizen. Aus den Notizen kristallisierten sich bald vier Männer heraus, mit denen das Opfer zu Lebzeiten über längere Zeiträume, aber auch nur kurzfristig nähere Beziehungen gehabt haben musste. Kriminalhauptkommissar Wengenmeier unterhielt sich unterdessen ausführlich mit der besten Freundin der Getöteten, mit Edith Sommer aus dem Vorzimmer von Stadtdirektor Sperling. Auch er erfuhr von den vier Männern, deren näheren Beziehungen zu Margit Schunkula und sogar von Intimitäten, die zwischen der Frau und den einzelnen Männern ausgetauscht worden waren. Ausführlich und bis in die kleinsten Details hatte die eher spröde Margit Schunkula ihre Erlebnisse, ja sogar ihre innersten Empfindungen dem Papier und ihrer Freundin anvertraut. Die gesammelten Erkenntnisse erbrachten folgendes Bild:

Da war einmal »Carlo«, der als der 56 Jahre alte, verheiratete Paul Ehmeter identifiziert wurde. Die Beziehung zwischen ihm und Margit Schunkula lässt sich über 22 Jahre zurückverfolgen. Als 19-Jährige hatte sie den bereits 34 Jahre alten und schon damals verheirateten Notariatsangestellten bei einer Zugfahrt kennen gelernt. Die beiden begannen sofort ein intimes Verhältnis, das sich offensichtlich erst einige Monate vor dem gewaltsamen Tod der Frau getrübt hatte. Die Ehefrau Ehmeters wusste zwar nichts von der Liebschaft, war aber mit ihren Kindern auf der Basis einer normalen Freundschaft mit eingebunden.

Margit Schunkula schrieb über ihr Verhältnis zu Paul Ehmeter: »Gerade weil ich mich in der zweiten Hälfte meines Lebens befinde, ist mir so spät klar geworden, dass ich in der ersten Hälfte darben musste. Ich musste verzichten und war dennoch sündig. Mir ist in 22 Jahren das wirkliche und natürliche Liebeserlebnis vorenthalten worden, aus Angst vor Sünde und Schuld. Ich habe in der Liebe immer nur etwas Verbotenes, Unerlaubtes, Belastendes gesehen, um nicht zu sagen Schlechtigkeit. Schon als Kind wird man im sechsten Gebot darauf hingewiesen, dass alles Sünde ist. Deshalb war ich immer verklemmt und unfrei. Als ich Carlo kennen lernte, nach einer Kindheit und Jugend bei einer lieblosen, bösen und engherzigen Stiefmutter, mehr bigott als christlich, nach Liebe, die mir fremd war, hungernd, da war ich ihm jahrelang verfallen. Er war der erste Mensch überhaupt, der mir Zärtlichkeit entgegenbrachte und durch seine Hand wurde ich zur Frau.

Mit 24 Jahren zog ich von Zuhause weg und war dann sieben Jahre in Untermiete, seit zehn Jahren habe ich eine eigene Wohnung, damit brach eine bessere Zeit für mich an. Carlo kam alle drei bis vier Wochen, und ich war glücklich, wenigstens für eine Stunde. Er schreibt mir fast jede Woche einen Brief, wunderbare Briefe, die bis zum weißen Sonntag in Ehmersried mein Lebensinhalt waren. Kann man davon leben? Immer habe ich mich in meiner Wohnung vergraben, bin nicht in Urlaub gefahren, ging nicht aus, hatte außer dem Fernsehen kein Vergnügen, alle Freuden teilt er mit seiner Frau. Ich beneide sie um jeden Urlaub, jährlich zwei- bis dreimal, um jedes Wochenende ... Zum ersten Mal ist er mir gleichgültig, die Erholung in Ehmersried und meine Erlebnisse dort haben mir die Augen geöffnet: Sich Liebe schenken ist nicht schlecht und das Natürlichste auf der Welt. Kann ich was dafür, dass ich nicht den Richtigen gefunden habe. Mein größter Wunsch war immer Mutter zu sein und zu heiraten. Ich fühle mich absolut nicht zum Alleinsein berufen, sehe es eher als Strafe.«

Im Februar 1974 musste sich Margit Schunkula, die von ihrem Geliebten zärtlich »Clarissa« genannt wurde, einer Unterleibsoperation unterziehen. Nach dem Krankenhausaufenthalt verwandelte sich die bis dahin ihrem verheirateten Liebhaber treu ergebene Frau plötzlich, sie blühte regelrecht auf und wurde richtig sexhungrig. Nun war sie mit Paul Ehmeter, der zudem Probleme mit seiner Potenz hatte, und dem Verhältnis allgemein nicht mehr zufrieden. Die Frau suchte und fand andere Männer, sie notierte zum Beispiel: »Was kann ich denn dafür, dass ich immer an die Falschen gerate. Mann ist Mann, und wenn einer mir gefällt, dann muss er mir auch gehören. Dabei ist es mir gleichgültig, ob diese Männer ihre Frauen betrügen oder nicht. Ich habe so lange verzichten müssen, jetzt möchte ich alles nachholen.«

Im April 1974 kam Margit Schunkula auf eine sechswöchige Kur nach Ehmersried. Ihren Aufzeichnungen ist zu entnehmen, dass sie dort einen Kaplan kennen lernte. Offensichtlich verband sie mit diesem Mann kurzzeitig ein intimes Verhältnis. Die Kur dieses Peter Schmid muss aber nach wenigen Tagen der Bekanntschaft zu Ende gegangen sein, und der Kurschatten reiste in seine Schweizer Heimat ab. Ihren Tagebüchern, in denen sie auch die von ihr geschriebenen Briefe noch einmal festhielt, vertraute Margit Schunkula an: »Es waren drei Tage, die uns gehört haben, nur drei Tage. Ich danke Dir für Dein Gutsein, wenn ich mein Herz verliere, dann ist es restlos. Heute Vormittag war ich in der Kapelle, mir ist so schwer ums Herz, der Herrgott sieht meinen Jammer und meine Qual. Lieber Peter, ich hätte nie gedacht, dass wir uns so nahe kommen würden. Meine Hände sind wieder und immer wieder so kalt, und keiner ist da, sie mir zu wärmen. Du warst so lieb und gut zu mir.« Zwischen Margit Schunkula und dem Kaplan ergaben sich in der Folgezeit noch Kontakte, und die Frau hat dem Geistlichen in seitenlangen Briefen ihre Sorgen und Empfindungen ausgeschüttet und richtige Lebensbeichten abgelegt.

Auch von ihrer zweiten Affäre in Ehmersried berichtete sie ihm: »Ausgerechnet der Besitzer des Kölner Opel, der Deinen Parkplatz besetzte, hat in den letzten Tagen auch den Platz an meiner Seite eingenommen. Den Abend verbrachten wir im »Hirschen« und nach einem Mondscheinspaziergang nach Mitternacht kam er zu mir. Ich wollte es nicht, ich habe gebetet, dass es nicht geschehe, und dann war es doch so, wie ich es bei Carlo noch nie erlebt habe. Übrigens auch dieser Mann ist verheiratet, drei Jahre jünger als ich. Nun hatte ich also ein Erlebnis, wie es mir mein langjähriger Freund nie geboten hat und in den letzten zehn Jahren auch nie bieten konnte. Ich habe und hatte eigenartigerweise keine Reuegefühle und gar kein schlechtes Gewissen. Ich muss Dir erklären, dass Hano aufgrund seiner Impotenz sechs Wochen Pillen bekam. Er war mit den Nerven so herunter, dass er ständig weinte. Fünf Jahre russische Gefangenschaft verursachten das vorzeitige Altern. Das Einnehmen von sechs Kapseln und meine Gegenwart haben schnell für eine Besserung gesorgt. Ich empfand es als herrlich und schäme mich nicht. Vorgestern Nachmittag vor meiner Abreise wiederholte sich alles noch einmal in meinem Zimmer. Vor Antritt der Kur hatte ich nicht gedacht, dass ich so untreu werden könnte. Ich habe mich immer mit so wenig, beinahe mit nichts zufrieden gegeben, und es wird wohl in Zukunft nicht viel anders sein.« »Hano« wird als Hans-Norbert Wolters, 44 Jahre alt, verheiratet, Verwaltungsrat und Hilfsreferent in der Personalverwaltung des Magistrats in Köln ermittelt. Es wurde festgestellt, dass dieser Mann auch nach der Kur Frau Schunkula in Augsburg wiederholt besucht hatte.

Schließlich tauchte noch »Kollege Georg« in den Aufzeichnungen auf: »Ich habe nun mit allen Fasern meines Wesens von dieser verbotenen Frucht gekostet und weiß fast mit Gewissheit, dass ich eine von anderer Seite gebotene Gelegenheit nicht mehr zurückweisen werde, vorausgesetzt natürlich, dass wirklich das Herz und Gefühl mitspricht.« Als der Kollege Georg wurde der ebenfalls verheiratete Verwaltungsoberinspektor bei der Stadt Augsburg Georg Holzmann ermittelt.

Von ihren Erlebnissen mit Kurschatten und Kollegen noch aufgewühlt schrieb Margit Schunkula auch von den erlebten Sexualpraktiken: »Eigentlich bin ich mehr denn je allein, und ich weiß oft nicht, wie ich mit dem Dasein fertig werden soll. Bin ich nicht vom Regen in die Traufe gekommen? Nur mit dem Unterschied, dass es eine Erfüllung gegeben hat bis zum Letzten! Auch Carlo ging bis zum Letzten, nur nicht auf natürliche Weise, also nur manuell; in den letzten Jahren auch oral. In den ersten zehn Jahren wagte er es nicht normal, dann konnte er nicht mehr. Es war immer nur eine halbe Sache, aber er hat mich trotzdem fesseln können. Hat er mich nicht zwei Jahrzehnte lang um das Schönste im Leben überhaupt gebracht? Seine Art zu lieben hat mich immer irgendwie bedrückt. Ich weiß ja erst seit kurzem, dass dies einfach dazugehört und gar nicht unerträglich ist. Belastend und trostlos war für mich auch, dass ich so bald hernach immer wieder allein gelassen wurde. Für mich gab es doch keine einzige Nacht oder gar ein Wochenende. Carlo sagte oft, dass es Frauen gibt, die dieses Erleben nicht kennen, auch seine eigene Frau nicht. Er weiß nicht, dass ich inzwischen die Liebe ganz neu und in der schönsten Aussage erleben durfte. Ich werde es ihm auch nicht sagen. Peter hat gesagt, dass ich nicht bis zum Letzten gehen soll. Ist es denn weniger sündig, wenn man sich den Höhepunkt versagt? Sicher ist es heldenhaft, sicher ist aber auch, dass es nicht gut ist und vor allem nicht gesund und nicht natürlich. So ausgeglichen und lebensfroh, wie in den wenigen Tagen mit Hano, war ich mein ganzes Leben nicht. Der beste Beweis, wie lebensnotwendig das sexuelle Erleben ist, und wie gesundheitsschädlich es sein kann, diese Gefühle zu unterdrücken.«

An einer anderen Stelle in ihren Tagebüchern fasste die Frau zusammen: »Vielseitig? Carlo war im November letzten Jahres zuletzt bei mir. Peter ist für mich unerreichbar. Hano ist eine Ewigkeit von mir getrennt. Georg wollte in der Woche vor Pfingsten kommen, aber ich sagte nein, denn noch ist es nicht schwer abzulehnen. Man hat mich zurückgelassen mit meinem Sehnen. Ich bin ja immer wieder gezwungen zu verzichten, unfreiwillig, was mich oft krank macht vor Kummer: Andere, die sich zufällig gefunden haben und heiraten konnten, die sich lieben dürfen und glücklich sein können, bei denen alles erlaubt und gestattet ist, nur weil sie den Segen der Kirche haben, diese anderen haben keine Sündenlast mit sich herumzutragen, sie können ohne viele Gewissensqualen zum Beichten und zum Tisch des Herrn gehen. Wie ich alle diese Menschen beneide um das eine und das ›andere‹. Unter solchen Umständen ist es nicht schwer, ein Christ zu sein. Ich habe nichts überwunden, ich bin lebenshungrig, ich will leben und lieben. Aber wann denn, ich bin ja immer allein!«

Die Mordkommission der Kriminalpolizei Augsburg hatte also vier Männer, die als Tatverdächtige in Frage kamen. Als Hauptkommissar Wengenmeier von Edith Sommer auch noch erfuhr, dass der langjährige Geliebte Paul Ehmeter sich mit seiner Ehefrau am Abend der Tat bei Margit Schunkula zu Besuch angesagt hatte, dünkten sich die Kriminalbeamten schon nah am Ziel. Paul Ehmeter wurde ins Kommissariat geholt, hier versuchte er zunächst die Beamten von einer normalen Freundschaft zwischen ihm und Margit Schunkula zu überzeugen. Als ihm aber einige Details aus den Aufzeichnungen vorgehalten wurden, gestand er die Liaison. Er gab auch zu, dass er von dem Verhältnis seiner Clarissa mit Hano aus Köln Kenntnis hatte. Hauptkommissar Wengenmeier belehrte sein Gegenüber, so wie es die Strafprozessordnung vorschrieb, dass er als Beschuldigter galt, dass er das Recht hatte, die Angaben zu verweigern, und dass er jetzt schon einen Rechtsanwalt konsultieren könne.

»Nein, nein, Herr Kommissar, ich brauche keinen Rechtsanwalt«, erwiderte Paul Ehmeter niedergeschlagen. »Mit dem gewaltsamen Tod von Margit habe ich bestimmt nichts zu tun.« Hauptkommissar Wengenmeier wurde deutlich: »Herr Ehmeter, wir wissen inzwischen, dass Sie von Frau Schunkula als Liebhaber abserviert worden sind. Am Abend, als Frau Schunkula umgebracht worden ist, waren Sie mit Ihrer Frau zu Besuch bei Frau Schunkula.« »Nein, am Dienstagabend, da war ich nicht bei Margit«, sagte Ehmeter aufgeregt. »Aber Sie wollten doch zu ihr kommen an diesem Dienstag«, ließ Wengenmeier nicht locker.

»Ja, jetzt weiß ich, was Sie meinen«, erinnerte sich Ehmeter. »Ich habe am Dienstagmittag bei Margit im Büro angerufen und mit ihr ausgemacht, dass ich mit meiner Frau vielleicht am Abend zu Besuch komme, aber das war nichts Bestimmtes. Bei diesem Gespräch erzählte mir Margit auch, dass die Schwierigkeiten mit ihrer Stiefmutter immer schlimmer werden, sie hat sogar geweint bei diesem Gespräch. Im Übrigen, da fällt mir noch ein: Sie gestand mir auch, dass sie uns in letzter Zeit mehrmals angelogen hat. Sie erzählte uns nämlich, dass sie des Öfteren Besuch von einer Freundin gehabt hätte. Nun gab sie zu, dass es ein Mann war, der sie besuchte. Am Schluss des Gesprächs habe ich ihr gesagt, dass ich am Abend noch einmal anrufen und ihr sagen werde, ob ich mit meiner Frau zu Besuch komme oder nicht. Ich habe dann auch angerufen ... am Dienstag nach 18 Uhr, aber da hat sich niemand gemeldet. Gestern habe ich noch mal im Büro versucht, Margit am Telefon zu sprechen. Ich wollte mich entschuldigen, weil ich am Abend vorher nicht gekommen war, aber ich habe Margit nicht sprechen können. Deshalb rief ich ja auch in ihrer Wohnung an, doch da waren Sie schon da.«

»Jetzt müssen Sie mir nur noch erklären, warum Sie am Dienstagabend nicht zu Frau Schunkula gekommen sind«, sagte Hauptkommissar Wengenmeier wieder etwas verbindlicher. »Das ist ganz einfach«, erwiderte Paul Ehmeter. »Am Dienstag nach Dienstschluss hat mich meine Frau vom Büro abgeholt. Wir wollten eigentlich gleich nach Hause gehen, trafen aber in der Ludwigstraße meine Schwägerin und gingen mit in deren Wohnung. Dort hielten wir uns bis gegen 20 Uhr auf, dann gingen wir heim. Für einen Besuch bei Margit war es schon zu spät.«

Paul Ehmeter bot seine Ehefrau, seine Schwägerin, deren Ehemann, seine Tochter und deren Freund und zukünftigen Schwiegersohn als Zeugen an. Es waren zwar keine einwandfreien Zeugen für das Alibi, aber zunächst mussten sich die Kriminalbeamten mit ihnen auseinander setzen. Als Paul Ehmeter eröffnet wurde, dass seine Frau in dieser Hinsicht befragt werden müsse, bat er flehentlich, ihr nichts über seine Liebschaft mit Frau Schunkula zu sagen. Man merkte ihm an, dass er eine panische Angst vor seiner eigenen Frau hatte. Die Zeugen bestätigten die Angaben von Paul Ehmeter, wobei es mit der Ehefrau des Tatverdächtigen Schwierigkeiten gab. Oberkommissar Bauer, der die Überprüfung vornahm, hatte mit der herrischen und geifernden Frau Probleme. Er konnte sich ausmalen, welches Donnerwetter auf Paul Ehmeter niedergehen würde, wenn er den wahren Hintergrund der Freundschaft mit der Getöteten eingestehen musste.

Als Nächster kam der Kaplan Peter Schmid als Täter in Frage. Musste der Pfarrer nicht damit rechnen, dass seine ihm kirchlich verbotene Liaison herauskommen könnte? Eine Überprüfung seines Alibis war notwendig, aber die ganze Angelegenheit schien nicht so einfach, da der Kaplan in der Schweiz lebte. Ein solches Überpüfungsersuchen musste normalerweise über Interpol laufen. Hauptkommissar Wengenmeier erinnerte sich jedoch an einen Kollegen aus Bern, mit dem er vor einem Jahr bei einem Lehrgang an der Polizeiführungsakademie in Münster Freundschaft geschlossen hatte. Wengenmeier rief diesen Kriminalbeamten an und bat ihn, die Alibiüberprüfung mit der notwendigen Diskretion vornehmen zu lassen. Zwei Tage später kam der Anruf aus der Schweiz, dass sich der Geistliche zur tatkritischen Zeit an seinem Wohnort aufgehalten hatte und somit als Tatverdächtiger ausschied.

Die Verdachtsmomente gegen den Kurschatten Hans-Norbert Wolters aus Köln waren schon gewichtiger. Der Mann hatte nach den Aufzeichnungen von Margit Schunkula der Frau zum ersten Mal sexuelle Erfüllung gebracht und sie nach der Kur wiederholt in Augsburg besucht. Konnte er nicht auch am Tattage wieder in Augsburg gewesen sein? Konnte es zwischen beiden nicht zu einem eskalierenden Streit gekommen sein, weil die Ehe des Mannes einen Hinderungsgrund für die weitere Beziehung darstellte? Hauptkommissar Wengenmeier entschloss sich, persönlich nach Köln zu fahren, um an der Vernehmung des Verwaltungsrates teilzunehmen. Kriminalhauptkommissar Zuprin, der Leiter der Mordkommission Köln, erklärte sich telefonisch bereit, die erforderlichen Vorarbeiten für eine Alibiüberprüfung des Herrn Wolters zu tätigen. Als Hauptkommissar Wengenmeier am späten Nachmittag in Köln eintraf, war alles vorbereitet, der Tatverdächtige vorgeladen, ein Vernehmungsraum bereitgehalten. Gegen 18 Uhr erschien Hans-Norbert Wolters, er reagierte irritiert, als sich Wengenmeier vorstellte. »Was ist das für eine wichtige Sache, die Sie veranlasst, von Augsburg persönlich nach Köln zu kommen?«, fragte der Verwaltungsrat neugierig. »Sie waren im April dieses Jahres auf einer Kur in Ehmersried, Herr Wolters?«, fragte Wengenmeier zurück. »Ja, tatsächlich. Aber was geht das die Kriminalpolizei in Augsburg an?«

»Nun, Sie haben dort eine Frau namens Margit Schunkula aus Augsburg kennen gelernt«, stellte Wengenmeier lakonisch fest. »Ist das seit Neuestem verboten?« »Das nicht gerade«, antwortete der Kriminalbeamte, »aber Ihre Gattin könnte vielleicht etwas dagegen haben.« »Das wiederum würde die Polizei nichts angehen«, erwiderte der Verwaltungsrat. »Sie haben vollkommen Recht, Herr Wolters«, stimmte Wengenmeier zu. Aber dann beschloss der Hauptkommissar das Wortgeplänkel: »Diese Frau Schunkula ist tot, Herr Wolters, gewaltsam getötet, und deshalb kümmern wir uns um die ganze Sache.« Der Verwaltungsrat erblasste und rang nach Worten: »Nein, nein, Herr Kommissar, das ist ja furchtbar ... die Margit Schunkula tot, nein, das kann nicht sein.« Dann schwieg Hans-Norbert Wolters lange, mit zittrigen Händen nahm er sich eine Zigarette aus seinem Etui und zündete sie an. Hastig zog er an ihr und inhalierte den Rauch gierig. Hauptkommissar Zuprin beendete schließlich das Schweigen: »Herr Wolters, ich glaube, es ist für beide Seiten von Vorteil, wenn Sie ohne Einschränkungen über Ihre ... na sagen wir es ruhig deutlich, über Ihre Affäre mit Frau Schunkula berichten«. »Ja, ja selbstverständlich«, antwortete Wolters stockend und immer noch verwirrt. Dann sagte er: »Ich bitte um Verständnis, aber die Nachricht vom Tod der Frau haut mich fast um. Ich bin momentan nervlich sowieso nicht auf dem Damm. Aber eines kann ich Ihnen versichern, mit dem Tode der Frau Schunkula habe ich bestimmt nichts zu tun.«

Kriminalhauptkommissar Wengenmeier beobachtete den Verwaltungsrat, der sonst gewohnt war, souverän Weisungen zu erteilen und Entscheidungen über menschliche Geschicke zu treffen, genau, registrierte dessen Erstaunen, Betroffensein und Erschrecken. Aus den Augenwinkeln studierte der Kriminalist jede Muskelbewegung im Gesicht seines Gegenübers, jede Bewegung der Hände, er sah förmlich, wie sich der Mann abmühte, seine Gedankengänge zu ordnen. Hans-Norbert Wolters wurde immer unsicherer, seine Halsschlagader flatterte, und immer wieder musste er schlucken, als ob er einen Kloß im Hals habe. Fahrig griff er wieder zur Zigarette, als Hauptkommissar Wengenmeier begann: »Herr Wolters, ich will mit offenen Karten spielen. Wir haben in der Wohnung der Toten Briefe und Aufzeichnungen gefunden, die auf Sie und Ihre Verbindung zu Frau Schunkula hinweisen. Es hat also keinen Zweck, das Verhältnis zu der Frau leugnen zu wollen. Sie werden hier zunächst als Zeuge gehört, trotzdem muss ich Sie darauf hinweisen, dass Sie auf Fragen, die Sie eventuell belasten, die Angaben verweigern können. Also, Herr Wolters, was können Sie uns berichten?« Den Verwaltungsrat beschäftigte vordringlich ein anderes Problem, und er rückte auch gleich damit heraus. »Herr Kommissar, wie ist denn das nun? Erfährt von der ganzen Sache auch meine Frau? Mir wäre das sehr unangenehm. Ich führe nämlich eine recht harmonische Ehe. Wenn meine Frau von dem Verhältnis erfährt, würde meine Ehe zerstört und mein Kind unglücklich gemacht werden, und alles nur, weil ich einmal eine andere Frau gern gemocht und mich wie ein Primaner verhalten habe.«

»Ja Herr Wolters, so ist es nun mal, wenn man sich einen Kurschatten zulegt«, bemerkte der Leiter der Kölner Mordkommission zynisch. »Selbstverständlich muss Ihr Alibi für die Tatzeit überprüft werden«, sagte Wengenmeier wieder sachlich. »Wenn Sie uns Alibizeugen anbieten, die außerhalb Ihrer Familie stehen, haben wir keine Veranlassung, Ihre Frau zu befragen. Dies alles aber nur unter der Maßgabe, dass Sie mit dem Mord selbst nichts zu tun haben.« Hans-Norbert Wolters atmete erleichtert auf und begann zu berichten: »Vorweg nehmen Sie bitte zur Kenntnis: Ich habe mit der Mordsache nichts zu tun, und ich kenne auch keinen Menschen, den ich einer solchen Tat für fähig halte. Ich habe Frau Schunkula sehr gern gehabt und wünsche nichts sehnlicher, als dass der Täter so schnell wie möglich gefasst wird. Ich war von Ende April bis Ende Mai dieses Jahres in Ehmersried zur Kur. Bei einer Kegelrunde habe ich damals Frau Schunkula kennen gelernt. Ich muss sagen, die Frau hat mir gefallen, und ich habe die Kontaktaufnahme bewusst herbeigeführt. Nach dem Kegeln haben wir uns im Aufenthaltsraum zusammengesetzt. Es war noch eine Frau Seger und ein Bekannter von mir dabei, als wir bis nach Mitternacht geplaudert haben. Frau Schunkula hat sich an diesem Abend mir gegenüber merklich reserviert gezeigt. Wir vereinbarten schließlich, am nächsten Tag in den frühen Morgenstunden einen Spaziergang zu unternehmen. Ich habe dann die beiden Frauen zu ihren Zimmern gebracht. Zuerst haben wir uns von Frau Seger verabschiedet, dann habe ich Frau Schunkula bis vor ihr Zimmer begleitet. Völlig überraschend fragte sie mich dann, ob sie denn keinen Kuss bekomme. Na ja, da sie doch den Abend über reserviert war, war ich irritiert. Ich habe ihr erklärt, dass ich verheiratet sei und meine Frau nicht betrügen wolle. Die Frau hat aber ganz anders reagiert, als ich es eigentlich erwartet hatte. Sie öffnete ihre Zimmertür, nahm mich bei der Hand und zog mich wortlos zu ihrem Bett. Ehe ich mich ein wenig umsehen konnte, hatte sich Frau Schunkula bereits nackt ausgezogen. Meine Herren, stellen Sie sich diese Situation einmal vor! Ich war damals zwar wegen nervöser Erschöpfungszustände zur Sanatoriumsbehandlung, aber so eine Gelegenheit bringt einen Mann wieder in Schwung. Die Frau legte sich hin und sagte einfach: »Was ist? Komm!« Was blieb mir anderes übrig, als mich auch auszuziehen und zu der Frau ins Bett zu gehen. Und dann passierte etwas, was ich ihr niemals zugetraut hätte. Ich bin jetzt 45 Jahre alt und eine rheinländische Frohnatur. In der Liebe, da habe ich bisher noch nichts anbrennen lassen. Aber so was, wie ich es damals mit Margit, will sagen mit

Frau Schunkula erlebt habe, ist mir noch nie passiert. Die ist über mich gekommen wie eine Sturmflut, und was die alles gemacht und verlangt hat. Das war ein Naturerlebnis ... so was an Leidenschaft. Eins muss ich sagen, auf sexuellem Gebiet war die Frau unersättlich. Na ja, ich bin dann später auf mein Zimmer gegangen und habe mich dort wieder etwas erholt. Beim Morgengrauen habe ich schließlich die beiden Frauen zum Spaziergang abgeholt. Frau Schunkula tat bei diesem Ausflug und auch beim Frühstück wieder reserviert, als ob nichts gewesen wäre, sie konnte sich sehr verstellen. Wir haben uns dann bis zur Abreise von Frau Schunkula noch recht oft getroffen und auch keine Gelegenheit ausgelassen, uns möglichst nah zu sein. Klar ist es dabei zu weiteren Intimitäten gekommen, die Frau war ja richtig sexbesessen. Bei diesen Gelegenheiten hat mir Frau Schunkula ihren ganzen Lebenslauf erzählt, von der schlechten Kindheit, der bösen Stiefmutter, ihrer Arbeit als Chefsekretärin, ihren Arbeitskollegen und auch von einem Mann, den sie Carlo nannte.«

»Das Verhältnis zu diesem Mann ist bereits bekannt«, bemerkte Hauptkommissar Wengenmeier. Der Verwaltungsrat berichtete weiter, dass er während seiner Kur auch zweimal nach Augsburg gefahren sei und bei Frau Schunkula übernachtet habe. Oft habe man auch miteinander telefoniert und sich viele Briefe geschrieben, in einem habe die Frau erwähnt, dass sie mit ihrem langjährigen Geliebten brechen wolle, weil er ihren Anforderungen nicht mehr genüge. Als das Gespräch auf die nähere Tatzeit kam, berichtete Wolters: »An dem Dienstag haben wir miteinander telefoniert.

Es war am Vormittag. Frau Schunkula hat mich in meinem Büro angerufen. Das geschah öfter, ich sagte es bereits.«

»Hat Ihnen Frau Schunkula bei diesem Telefongespräch nichts Außergewöhnliches erzählt?«, fragte Zuprin. »Wenn ich das jetzt so recht überlege«, antwortete Wolters, »dann war da schon etwas, was im Nachhinein vielleicht wichtig ist. Frau Schunkula hat mir im Laufe des Gesprächs beiläufig mitgeteilt, dass sie es dem Carlo nun gesagt habe. Als ich fragte, was sie meine, antwortete sie mir: Na ja, das eben mit uns. Sie erzählte mir, dass am Abend vorher, also am Montagabend, Carlo angerufen habe, und bei diesem Gespräch habe sie ihm deutlich gemacht, dass ihr Verhältnis mit ihm zu Ende sei. Ich habe ihr zum wiederholten Mal gesagt, dass sie mir ihre Beziehungen zu anderen Männern und auch zu diesem Carlo nicht erzählen soll.« Der Verwaltungsrat gab an, dass er den Tattag bis 17 Uhr im Büro verbracht habe, was seine Sekretärin und der erste Sachbearbeiter bezeugen könnten. Gegen 18 Uhr sei er in seine Stammkneipe »Hoßbacher Urquell« gegangen und habe sich dort gute anderthalb Stunden aufgehalten. Mehrere Gäste und der Wirt, mit dem er sich mindestens zehn Minuten unterhalten habe, könnten den Aufenthalt in der Kneipe bestätigen. Das Alibi wurde von Mitarbeitern der Mordkommission sofort überprüft. Das Ergebnis überzeugte Hauptkommissar Wengenmeier davon, dass Hans-Norbert Wolters tatsächlich mit dem Mord an Margit Schunkula nichts zu tun hatte. Es wurde ihm zugesichert, dass seine Ehefrau von seinen Erlebnissen während der Kur nichts erfahren würde.

Unterdessen suchten Kriminaloberkommissar Bauer und

Kriminalkommissar Schöberl den Oberinspektor Georg Holzmann von der Stadtverwaltung Augsburg auf, Bauer resümierte: »Frau Schunkula schreibt von einem Georg, der in der Woche vor Pfingsten kommen wollte. Die Freundin Sommer hat unserem Chef gesagt, dass es sich bei Georg um den Oberinspektor Georg Holzmann handelt, und dass Holzmann mehrmals versucht hat, mit Margit Schunkula anzubandeln. Die Sommer hat auch davon gesprochen, dass ihre Kollegin erzählt habe, dass Holzmann drei- oder viermal in ihrer Wohnung gewesen sei.« »Und im Taschenkalender der Toten sind vier Notierungen, die sich mit Georg befassen«, bemerkte nun Kommissar Schöberl. »In der letzten Woche im Juli und in der ersten Woche im August dieses Jahres steht insgesamt viermal Georg im Kalender ... und eine Zeit. Da, einmal 18 bis 20 Uhr, einmal 23 bis 24 Uhr und die beiden anderen Male auch zu späten Stunden am Abend.« Holzmann war also wiederholt zur Nachtzeit bei Margit Schunkula in deren Wohnung. Hatte die Frau den verheirateten Kollegen etwa unter Druck gesetzt? Musste er befürchten, dass seine Seitensprünge bekannt werden?

Die beiden Beamten fuhren zum Stadtlagerhaus, wo der 40-jährige Georg Holzmann als Verwalter tätig war. Holzmann schien von dem Besuch der Kriminalbeamten nicht überrascht zu sein. Er hatte bereits in der Zeitung vom Auffinden der Ermordeten gelesen und insgeheim damit gerechnet, dass die Polizei bald eine Verbindung zu ihm herstellen würde. Schließlich habe er zusammen mit noch zwei Kollegen und seiner Mitarbeiterin oft das Mittagessen in der Kantine mit Frau Schunkula eingenommen. Holzmann berichtete den beiden Kriminalbeamten auch, dass er Margit Schunkula im Krankenhaus besucht hatte. Die Frage, ob er auch schon in der Wohnung des Opfers gewesen sei, bejahte er. Er hatte im Januar die Einladung von Frau Schunkula angenommen und war mit zwei Kolleginnen und einem Kollegen nach Dienstschluss zur Wohnung Schunkula gegangen. Als die Sprache auf besondere Beziehungen zu der Chefsekretärin kam, wurde der smarte Oberinspektor verschlossen. »Meine Herren, was denken Sie da?« sagte er entrüstet. »Frau Schunkula war eine Kollegin, mit der ich während der Mittagszeit oft in der Kantine beieinander gesessen habe, aber sonst war da nichts.« »Wirklich nicht?« fragte Kommissar Schöberl. »Aber nein«, antwortete Holzmann. »Im Übrigen bin ich ja verheiratet, und die Schunkula, nein, das war nicht mein Typ. Na ja, ich habe sie damals besucht in ihrer Wohnung, aber das geschah ja auf ihren Wunsch hin.«

»Herr Holzmann, ich habe Verständnis dafür, dass Sie versuchen, aus der für Sie recht unangenehmen Situation ungeschoren herauszukommen«, bemerkte nun Kriminaloberkommissar Bauer, »aber so einfach ist die Sache nun auch wieder nicht. Ich will Ihnen reinen Wein einschenken. Frau Schunkula hat über alle ihre Erlebnisse Tagebuch geführt, sogar Einzelheiten in Kalendern vermerkt. Diese Unterlagen haben wir ausgewertet. Da ist mehrmals ein Georg vermerkt und auch die Besuchszeiten ... sehr späte Besuchszeiten. Was sagen Sie dazu?« Der Oberinspektor erschrak. »Verdammtes Miststück«, entfuhr es ihm. Dann sagte er zögernd: »Na ja, versucht habe ich es schon ... bei so einer allein stehenden Frau, aber da ist nichts gegangen. Die hat mir von einem 60-jährigen Mann erzählt, mit dem sie seit 20 Jahren liiert sei, und dem sie nicht untreu werden wollte.«

»Und nachdem Frau Schunkula von der Kur zurückgekommen ist«, warf nun Kommissar Schöberl ein, »ist da auch nichts gegangen?« »Zärtlichkeiten haben wir schon ausgetauscht«, räumte nun Holzmann widerstrebend ein, »aber zu einem richtigen Verkehr ist es nicht gekommen.« »Wir haben andere Informationen«, sagte Oberkommissar Bauer scharf. »Ich helfe Ihnen ein wenig auf die Sprünge. Die letzte Woche im Juli und die erste Woche im August, da waren Sie doch zu sehr später Stunde bei Frau Schunkula, oder?«

»Also gut, ich war ein paar Mal bei der Margit«, gestand Holzmann nun. »Das war immer an Dienstagen und Donnerstagen, da habe ich meine Kegelabende. Im Anschluss bin ich dann noch zu der Schunkula gegangen. Ich habe sie angerufen und ihr gesagt, dass ich komme, sie hat mich jeweils an der Haustür unten empfangen. Wir sind mit dem Aufzug hochgefahren und in ihre Wohnung gegangen. Ich habe mich immer so an die zwei Stunden bei ihr aufgehalten, gegen Mitternacht bin ich dann heimgefahren. Aber vor drei Wochen etwa haben wir Schluss gemacht.« »Und warum?« fragte Kommissar Schobert. »Wenn ich ehrlich sein soll, das Weib ist mir zu geil geworden. Was die alles verlangt hat. Die Frau ist tot, und über Tote soll man nicht schlecht reden. Deshalb habe ich ja zunächst nichts darüber sagen wollen. Aber ich sehe ein, dass ich mich da in ein falsches Licht setze. Wie gesagt: Vor drei Wochen war das

Verhältnis zu Ende.« »Das können wir nun glauben oder auch nicht«, stellte Oberkommissar Bauer lakonisch fest. »Es soll uns auch weiter nicht befassen, wenn Sie uns nachweisen können, wo Sie am Dienstagabend gewesen sind.«

»Am Dienstagabend?« überlegte Holzmann kurz, »ja am Dienstag habe ich bis gegen 18 Uhr in meinem Büro gesessen, was meine Sekretärin Frau Holzer bestätigen kann. Dann habe ich Frau Holzer mit meinem Auto nach Hause gefahren, anschließend bin ich wieder hierher zurückgekehrt, weil ich im Büro noch etwas erledigen musste. Es war 18.30 Uhr, der Hausmeister hat mich gesehen. Dann habe ich das Büro erst wieder um 20 Uhr verlassen. Ich bin gleich zur Gaststätte »Lebzelter« gefahren, weil ich dort mit Kollegen von der Stadtverwaltung zum Kartenspielen verabredet war. Ja, kurz nach 20 Uhr war ich bereits in der Gaststätte. Wir haben bis gegen Mitternacht Karten gespielt, dann bin ich heimgefahren.«

Die beiden Kriminalbeamten notierten sich die Namen der Sekretärin und des Hausmeisters. Beide Auskunftspersonen bestätigten die Angaben des Oberinspektors Holzmann. Der Hausmeister deutete allerdings an, dass Holzmann mit seiner Sekretärin ein intimes Verhältnis hat, Frau Holzer ließ sich jedoch nichts anmerken. Später bestätigten auch die drei Stadtbediensteten, dass sie mit Holzmann am Dienstag in der tatkritischen Zeit Karten gespielt haben. Das Alibi des Oberinspektors Holzmann schien hieb- und stichfest zu sein, der Unsicherheitsfaktor war nur die Sekretärin. Wenn sie gelogen hatte, dann hätte Holzmann mehr als eine halbe Stunde Zeit zur Ausführung der Tat gehabt.

Kriminaloberkommissar Bauer und Kriminalkommissar Schöberl kehrten gegen Mittag in ihr Büro zurück. Den Rest des Tages verbrachten die beiden mit Randermittlungen. Sie befragten noch einmal die Bewohner des Hauses, in dem Margit Schunkula gewohnt hatte und vernahmen Arbeitskolleginnen und sonstige Bedienstete der Stadtverwaltung, die in irgendeiner Verbindung zu der Chefsekretärin standen. Der große Durchbruch gelang ihnen nicht, sie erfuhren zwar Details aus dem Leben des Mordopfers, einen besonderen Hinweis auf die Tat und den Täter erhielten sie jedoch nicht.

Am nächsten Vormittag, es war bereits Freitag, wurden die Ergebnisse der Befragungen in Vormerkungen zu Papier gebracht und die Vernehmungsniederschriften eingeordnet. Die Ermittlungsakten und Spurenblätter mussten immer aktualisiert werden. Wenn ein Fall abgeschlossen ist, müssen alle Aktivitäten der Kriminalbeamten, alle Feststellungen, Befragungen und Vernehmungen schwarz auf weiß nachweisbar in den Akten enthalten sein. Kriminalbeamte mögen diesen Bürokram meist nicht besonders.

Hauptkommissar Wengenmeier kam gegen 13 Uhr aus Köln zurück, im Büro traf er mit seinen frustrierten Mitarbeitern Bauer und Schöberl zusammen. Sie berichteten sich gegenseitig von ihren Ermittlungsergebnissen und stellten fest, dass sie bei der Aufklärung des Verbrechens keinen Schritt weitergekommen waren. Alle vier Männer hatten augenscheinlich ein Alibi, freilich stützte sich das Alibi des langjährigen Geliebten Paul Ehmeter in der Hauptsache auf die Aussagen seiner Ehefrau und der näheren Verwandtschaft. Auch das Alibi des Liebhabers Holzmann wurde von dessen Sekretärin und Geliebten gehalten. Solange die Frauen aber ihre Angaben nicht revidierten, war ein Tatverdacht gegen den einen oder den anderen Mann nicht aufrechtzuerhalten.

Cherchez la Femme

Wengenmeier war an diesem Freitagnachmittag wieder bei Kriminalrat Waiden zur Berichterstattung vorgeladen. »Wir bewegen uns in einem Wust aus Liebschaften, Kurbekanntschaften, Sexualpraktiken und sonstigen Intimitäten, aber konkrete Hinweise auf eine bestimmte Person als Täter haben wir bisher nicht gefunden«, schilderte Wengenmeier. »Wir haben zwar vier Liebhaber der Getöteten ermittelt, und zwei davon müssen in den engeren Kreis der Verdächtigen aufgenommen werden. Aber die beiden haben ein Alibi, das wir derzeit nicht widerlegen können. Eins ist in diesem Zusammenhang aber doch interessant, der Notariatsamtmann Paul Ehmeter erfuhr von Frau Schunkula genau am Abend vor dem Mordtag von der Existenz eines Nebenbuhlers, nämlich des Verwaltungsrates Wolters aus Köln. Bei Ehmeter ist also schon ein plausibles Motiv zu sehen.« Kriminalrat Waiden überlegte lange und betrachtete noch einmal die Tatortfotos, die ihm Hauptkommissar Wengenmeier vorgelegt hatte. Dann sagte er: »Herr Kollege, sagt Ihnen der Ausspruch ›Cherchez la Femme‹ etwas?« »Ich weiß nicht, worauf Sie hinauswollen, Chef«, antwortete Wengenmeier. »Der Altmeister der Kriminalistik und Kriminologie

Dr. Hans Groß hat in seinem Handbuch dem ›Cherchez la Femme‹ ein Kapitel gewidmet. Es heißt im weitesten Sinne: ›Vergiss bei den Ermittlungen niemals die Frau‹, erwiderte Kriminalrat Waiden. »Sie und Ihre Mitarbeiter sind bei den Ermittlungen bisher davon ausgegangen, dass im Mordfall Schunkula nur ein Mann als Täter in Frage kommen kann. Ist das denn so ganz gewiss, oder müssen wir nicht auch in Betracht ziehen, dass eine Frau die Tat verübt haben könnte? Lassen Sie uns einmal einer solchen Theorie nachgehen. Die Tatortsituation zeigt, dass es wohl im Wohnzimmer zur ersten Auseinandersetzung gekommen ist. Sie sagen selbst, dass es nicht den Anschein hat, dass der Täter vorher einen Sitzplatz eingenommen hat. Es muss sich also um einen spontanen Angriff gehandelt haben, aus einem Streit heraus. Daraus folgt, dass der Täter nicht vorbedacht mit einem Mordwerkzeug in die Wohnung gekommen ist. Wir müssen also zunächst einmal die Tatwaffe in der Wohnung finden, die zu den Verletzungen am Kopf geführt hat. Wenn ich mir die Tatortfotos so anschaue, lagen da eine Menge Flaschen herum.«

»Aber die waren alle noch gefüllt und nicht beschädigt. Es haftete auch kein Blut an ihnen«, warf Hauptkommissar Wengenmeier ein. »Schön«, fuhr der Kriminalrat in seiner Theorie fort, »ein Mann, der aus einer Verärgerung heraus oder aus Zorn urplötzlich auf jemanden einschlagen will, greift zum nächstbesten Schlagwerkzeug. Das wären wohl die Flaschen gewesen. Aber mit einer Flasche ist wohl nicht zugeschlagen worden. Aber da lag ja auch noch der Emaileimer ... wohl ein Abfalleimer. Was ist mit dem?«

»Warten Sie einmal Chef, der Erkennungsdienst hat im Tatortbefundsbericht den Eimer erwähnt«, sagte Wengenmeier und blätterte in seinen Unterlagen. Der Leiter der Mordkommission schwieg eine Weile, dann schlug er sich mit der Hand an die Stirn. »Menschenskinder, der Eimer ... natürlich die Unterkante des Emaileimers, das ist die Tatwaffe bei der ersten Auseinandersetzung. Der Täter hat den Eimer genommen und damit auf Frau Schunkula eingeschlagen. Die Verletzungswunden an der Stirn des Opfers sind ja etwas gerundet, und das Blut am Boden des Eimers. Dass wir da nicht schon eher draufgekommen sind? Aber das kommt davon, wenn man sich bei der Fülle der Eindrücke am Tatort zu sehr auf den Erkennungsdienst verlässt.« »Na gut, Herr Kollege«, beschwichtigte Kriminalrat Waiden seinen Mordkommissionsleiter, »Ihre Kombination mag richtig sein. Der Eimer wird doch wohl sichergestellt sein, den können wir also noch untersuchen lassen.« »Ja, ich habe die Wohnung des Mordopfers noch nicht freigegeben, die ist versiegelt, der Eimer ist sicherlich noch da.«

»Zurück zu unserer Theorie«, sagte Waiden ruhig. »Wenn ein Mann ein Schlagwerkzeug sucht, greift er zuerst nach einem Eimer? Wohl kaum, wenn in Griffnähe handliche Flaschen liegen, aber einer Frau liegt doch der Eimer näher. Wenn also mit dem Eimer zugeschlagen worden ist, dann müssen wir auch eine Frau als Täterin in Betracht ziehen. Und noch etwas kommt mir merkwürdig vor: Das Erwürgen des Opfers mit einem Holzscheit. So was ist mir in meinem beruflichen Leben noch nicht untergekommen. Ja, Mordfälle, bei denen das Opfer mit den Händen, mit einem Tuch, einem Strick oder Strumpf erwürgt worden ist, solche Fälle sind allgemein bekannt. Aber mit einem Holzscheit. Das hat ja den Anschein, als ob der Täter oder die Täterin vor der unmittelbaren Berührung mit dem Opfer Angst gehabt hatte. Die Tatsache, dass der Täter oder die Täterin mit dem Eimer und nicht mit der Faust oder einem sonst üblichen Schlagwerkzeug zuschlug und zum Würgen ein Holzscheit zu Hilfe nahm, lässt darauf schließen, dass es sich um jemanden handeln muss, der sich zunächst aus Wut zum Zuschlagen hinreißen ließ und dann aus Panik die weiteren Handlungen beging, wobei er sich scheute, mit bloßer Hand zuzugreifen. Sie sagten vorhin, dass dem Opfer Büschel des Kopfhaares ausgerissen worden sind, das ist doch auch so eine typische Handlung einer Frau. Ich weiß nicht, die Art der Tatausführung schließt meines Erachtens einen weiblichen Täter nicht aus. Dass Frau Schunkula offensichtlich nicht um Hilfe gerufen hat, ist auch recht merkwürdig. Nach den ganzen Umständen muss wohl eine ziemlich enge Täter-Opfer-Beziehung bestanden haben.«

»Auf Anhieb haben wir da zwei Frauen, die wir wohl näher in Betracht ziehen müssen«, sagte Hauptkommissar Wengenmeier nach kurzer Überlegung. »Da wären Frau Ehmeter, die Ehefrau des langjährigen Geliebten der Frau Schunkula, und Frau Sommer, die beste Freundin des Opfers aus der Stadtverwaltung, die hat recht eifrig mitgewirkt, den Tatverdacht auf die Liebhaber zu richten.« »Gut, Herr Wengenmeier«, schloss Kriminalrat Waiden die Besprechung, »Sie werden das Erforderliche tun, um auch in dieser Richtung die Ermittlungen voranzutreiben. Wenn sich was Außergewöhnliches ergeben sollte, sagen Sie mir bitte Bescheid.«

Der Leiter der Mordkommission verließ missgestimmt das Büro seines Chefs. Es wurmte ihn, dass er nicht selbst eine Täterin einkalkuliert hatte. Als er sein Dienstzimmer betrat, warteten dort seine Mitarbeiter Bauer und Schöberl. »Ist die Opferwohnung noch versiegelt?« fragte Wengenmeier mürrisch. »Der Erkennungsdienst war als letzter dort,« antwortete Oberkommissar Bauer. »Wir haben die Wohnung noch nicht freigegeben.«

Die drei Kriminalbeamten fuhren noch einmal zum Anwesen Klinkerbergstraße 4. In der Tatwohnung schlug ihnen abgestandene Luft und der penetrant süßliche Geruch des eingetrockneten Blutes entgegen. Hauptkommissar Wengenmeier schaute sich stumm um. In der Nähe des Ofens bemerkte er den am Boden liegenden Emaileimer und nahm ihn behutsam auf. Der Boden war tatsächlich mit Blut verschmiert, der Rand hatte eine scharfe Kante. Mit bloßem Auge waren noch einige kleine Büschel Haare in den Blutanhaftungen zu erkennen. »So eine Blamage«, brummte der erfahrene Kriminalist. »Das hätte uns nicht passieren dürfen.« »Was hast Du denn jetzt auf einmal?« fragte Oberkommissar Bauer. »Ist doch wahr«, sagte Wengenmeier gequält, »wir haben hier den Eimer übersehen. Der Eimer, das ist die Tatwaffe. Damit hat der Täter die ersten Schläge gegen das Opfer geführt. Da, alles voller Blut an der äußeren Bodenkante und Haare sind auch noch dran. Und wir übersehen das alles.«

Zwei Frauen als Tatverdächtige

Hauptkommissar Wengenmeier lehnte sich mit dem Rücken gegen die Fensterbank und starrte eine Weile gedankenverloren auf die Stelle, wo die Leiche gelegen hatte. Dann sagte er unvermittelt: »Eine Frau als Täterin, was haltet ihr davon?« Die beiden Mitarbeiter schwiegen ein paar Minuten. Dann meinte Oberkommissar Bauer: »Warum eigentlich nicht? Wenn mit dem Eimer zugeschlagen worden ist, das liegt wohl eher einer Frau als einem Mann.« Kommissar Schöberl bemerkte: »Wenn ich das recht bedenke ... ja freilich. Der Büstenhalter an der Toten, der war am Verschluss hinten auch blutverschmiert, aber der war so ... ja so fachmännisch geöffnet, und auch der Schlüpfer ist so gekonnt ausgezogen worden ... und die Strümpfe auch, freilich, eine Frau kann das besser. Ein Mann hätte in dieser Situation wohl alles einfach heruntergerissen.« Verärgert stellte Hauptkommissar Wengenmeier fest: »Das alles übersehen wir und stürzen uns einfach auf die Liebhaber«. »Wer denkt schon gleich an eine Mörderin, wenn er ein weibliches Opfer hat«, beschwichtigte Oberkommissar Bauer. »Aber welche Frau hat ein Motiv?« fragte Kommissar Schöberl. »Na, die Frau Ehmeter«, brummte Hauptkommissar Wengenmeier. »Ihr habt sie doch am Mittwochabend noch wegen des Alibis ihres Mannes befragt. Habt ihr nicht gesagt, die Frau wäre wie eine Furie gewesen? Und Herr Ehmeter hat auch immer wieder darauf hingewiesen, dass es eine Katastrophe gäbe, wenn seine Ehefrau von seinem Liebschaftsverhältnis zu Frau Schunkula etwas erfährt. Wenn nun Frau Ehmeter am Dienstag tatsächlich von dem Verhältnis erfahren hat? Sie kann doch hierher gekommen sein und die Schunkula wegen ihres schamlosen Verhaltens zur Rede gestellt haben, und dabei kann es zur Eskalation gekommen sein.«

»Aber die Eheleute Ehmeter haben sich gegenseitig ein Alibi gegeben«, warf nun Oberkommissar Bauer ein. »Ja, das Alibi, das bekommt unter diesen Gesichtspunkten einen ganz anderen Stellenwert«, sagte Hauptkommissar Wengenmeier und nach einer Weile des Überlegens fügte er hinzu: »Die können auch beide hier gewesen sein, sagte nicht Herr Ehmeter aus, dass er und seine Frau am Dienstagabend zu Frau Schunkula kommen wollten? Wenn die hier waren und zusammen geholfen haben? Da bekäme vieles eine Erklärung. Die sind beide von der Schunkula ohne Komplikationen hereingelassen worden, Frau Ehmeter hat im Streit den Emaileimer gepackt und damit auf die Chefsekretärin eingeschlagen. Die Schunkula hat nicht um Hilfe gerufen, weil sie sonst das Verhältnis offenbart hätte, und ist im Flur bewusstlos zusammengebrochen. Die Ehmeters haben die Frau mundtot machen müssen, sonst wären sie ja wohl aufgeflogen. Die haben beide die stark blutende Frau ins Wohnzimmer gezogen und hier mit dem Holzscheit erwürgt, danach haben sie ein Sexualverbrechen vorgetäuscht. Ja, so könnte es gewesen sein.« »Oder Frau Ehmeter war allein hier, und Paul Ehmeter deckt seine Frau«, wandte Oberkommissar Bauer ein. »Das ist auch möglich«, brummte Wengenmeier.

»Und die Sommer von der Stadtverwaltung?« fragte Kommissar Schöberl. »Die hat sich doch als beste Freundin der Schunkula ausgegeben und mit Eifer den Verdacht auf die

Liebhaber gelenkt. Könnte die nicht auch als Täterin in Betracht kommen?« »Die Nachbarin, Frau Singer, hat erwähnt, dass die Sommer am Montagabend bei der Schunkula zu Besuch war«, bemerkte Oberkommissar Bauer. »Bei guten Freundinnen keine Auffälligkeit«, sagte Wengenmeier. Kommissar Schöberl erinnerte sich nun wieder, dass von den vielen Leuten, die er in der Mordsache bisher befragt hatte, jemand etwas von einer lesbischen Beziehung des Mordopfers erwähnt hatte. Er berichtete dies seinem Chef und meinte: »Keine schlechte Kombination, die 42-jährige Schunkula, ein männlicher Typ, und die 23jährige, vollschlanke, gut proportionierte Sommer ... das wäre auch eine Erklärung für die innige Freundschaft zwischen den beiden Frauen. Aber die Sexgier der Schunkula nach Männern ... das passt wieder gar nicht recht zusammen.« »Außer dass es Frauen gibt, die bisexuell veranlagt sind«, warf nun Oberkommissar Bauer ein. »Also eine zweite tatverdächtige Frau«, konstatierte Hauptkommissar Wengenmeier. »Haben wir eigentlich das Alibi der Frau Sommer überprüft?« fragte er dann. »Aber Hans, das war doch bisher Dein Revier«, sagte Oberkommissar Bauer schmunzelnd. »Die Frau war bisher gar nicht verdächtig. Und Du hast dich offensichtlich besonders gut mit ihr verstanden.«

Die drei Kriminalbeamten verließen die Tatwohnung und versiegelten die Wohnungstür, den Emaileimer nahmen sie mit. Wengenmeier rief den Leiter des Erkennungsdienstes an und bat ihn, sofort dafür zu sorgen, dass der Eimer auf Spuren untersucht wird. Der Sachverständige machte sich unverzüglich im Labor an die Untersuchung des Eimers. Eine halbe Stunde später kam er in das Büro der Mordkommission zurück. »Da sind Fingerabdrücke drauf«, sagte er aufgeregt. »Eine Griffspur ... wahrscheinlich von der linken Hand ... Zeigefinger, Mittelfinger und Ringfinger, auch vom Daumen einige Fragmente. Die Mittelfingerspur ist ziemlich deutlich ausgeprägt, die Papilarlinien sind gut erkennbar. Ich brauche Vergleichsfingerabdrücke, dann können wir den Spurenverursacher feststellen. »Hat jemand von euch den Eimer in der Hand gehabt?« fragte Wengenmeier seine Mitarbeiter. Als dies verneint wurde, gab er die Frage an den Leiter des Erkennungsdienstes weiter. »Ich werde mich bei meinen Mitarbeitern erkundigen«, sagte dieser. Kommissar Schöberl schaute verständnislos. »Na Kurt, es könnte ja sein, dass die Fingerspur am Eimer von einem von uns gesetzt worden ist«, erläuterte Wengenmeier. »Erst wenn wir sicher sein können, dass dies nicht der Fall ist, können wir davon ausgehen, dass sie vom Täter, respektive von der Täterin stammt.«

»Aber jetzt nehmen wir uns erst einmal Frau Ehmeter vor«, bestimmte Wengenmeier und schickte seine beiden Kollegen, die Frau zur Dienststelle zu holen. Eine Stunde später saß Frau Rosa Ehmeter, eine 55-jährige Frau vor Hauptkommissar Wengenmeier. Als der Kriminalbeamte vorsichtig versuchte, das Verhältnis zwischen Herrn Ehmeter und der Getöteten anzusprechen, bemerkte Frau Ehmeter bissig: »Sie brauchen gar nicht lange herumzureden. Mein Mann hat in der Zwischenzeit gestanden, dass er mit dem Weib ein Verhältnis gehabt hat. Ich habe aber bestimmt nichts davon gewusst, erst gestern hat er damit herausgerückt, als er von Ihnen kam. Da hat er mir eingestanden, dass er bis vor etwa zehn Jahren die Margit manchmal allein in ihrer Wohnung aufgesucht hat, und dass es dabei öfter zu intimen Beziehungen gekommen ist. Er sagte, dass es ihn jedes Mal geekelt hat, wenn er nach dem Verkehr von ihr weggegangen ist. Es sei ihm vorgekommen, als ob er im Puff gewesen wäre, so hat es jedenfalls mein Mann dargestellt.«

Als Hauptkommissar Wengenmeier ganz konkret fragte, ob Paul Ehmeter mit dem gewaltsamen Tod der Frau Schunkula etwas zu tun haben könnte, sagte die Mittfünfzigerin spontan: »Das halte ich für völlig ausgeschlossen. Nein, der Paul, der kann keiner Fliege etwas zu leide tun und stellt sich viel zu dumm an. Nein, mein Mann hat Margit bestimmt nichts angetan.« »Und Sie, Frau Ehmeter?« fragte der Kriminalbeamte. »Wie meinen Sie das, Herr Kommissar?« »Na ja, Sie könnten doch am Dienstag beispielsweise von dem Verhältnis Ihres Mannes zu Frau Schunkula erfahren haben. Vielleicht hat Ihnen Ihr Mann bereits am Dienstag gebeichtet. Und Sie könnten dann die Frau Schunkula zur Rede gestellt und sich im Streit vergessen haben.« »Hören Sie auf!« schrie nun Frau Ehmeter. »Sie spinnen ja. Ich würde der Margit etwas antun, wo denken Sie hin. Außerdem habe ich erst nach dem Mord von dem Verhältnis erfahren, im Übrigen haben Sie gestern das Alibi meines Mannes überprüft. Zur Tatzeit waren wir zusammen ... erst bei meinem Schwager und meiner Schwester und dann zu Hause.«

»Nun, da können Sie sich ja gegenseitig ein Alibi geben, das nicht stimmen muss«, bemerkte Kommissar Schöberl, der sich bis dahin schweigend in der Ecke des Büros aufgehalten hatte. »Aber da waren auch noch die Schwagersleute und meine Tochter mit ihrem Zukünftigen«, sagte Rosa Ehmeter zornig. »Die können auch bezeugen, dass wir bei ihnen waren.« »Frau Ehmeter, sind Sie bereit, von Ihnen Vergleichsfingerabdrücke machen zu lassen?« fragte nun Hauptkommissar Wengenmeier. »Zu was soll denn das gut sein?« erwiderte die Frau, besann sich dann aber und willigte ein. Frau Ehmeter wurde in das Büro des Erkennungsdienstes gebracht, wo ihre Fingerkuppen mit einer schwarzen Masse eingefärbt und eine nach der anderen auf einem vorgefertigten Papier gewälzt wurden. Als alle zehn Fingerabdrücke auf dem Papier sichtbar waren, wurden auch noch die Handflächen beider Hände eingefärbt und auf dem Papier abgedrückt.

Der Leiter des Erkennungsdienstes machte sich sofort an die Auswertung der Abdrücke und erkannte bald, dass die am Emaileimer gesicherten Fingerspuren nicht identisch mit denen von Frau Ehmeter waren. Am Telefon teilte er seinem Kollegen Wengenmeier das negative Ergebnis mit. Auch die bereits am Vortag von Paul Ehmeter genommenen Vergleichsfingerabdrücke passten nicht zur Tatspur, bemerkte der Daktyloskop. Hauptkommissar Wengenmeier war enttäuscht, recht höflich entließ er Frau Ehmeter ein wenig später.

»Also die war es offensichtlich nicht«, sagte er dann deprimiert zu seinen Mitarbeitern. »Also doch die Freundin?« fragte Kommissar Schöberl. »Ja, die Arbeitskollegin Edith Sommer von der Stadtverwaltung«, brummte Hauptkommissar Wengenmeier müde. Er schaute auf die Uhr und stellte fest, dass es bereits 21 Uhr war. Trotzdem rief er die Frau an und bat sie, an diesem späten Abend noch in sein Büro zu kommen. Eine halbe Stunde später saß die blonde, junge Frau im Büro der Mordkommission den drei Kriminalbeamten gegenüber. Sie brachte ihr Erstaunen und ihre Verärgerung ob der späten Stunde und der Eile zum Ausdruck.

»Frau Sommer, wir arbeiten seit der Entdeckung des gewaltsamen Todes von Frau Schunkula fast pausenlos«, sagte Hauptkommissar Wengenmeier entschuldigend. »Wir können einfach keine Rücksicht auf bestimmte Tages- oder Nachtzeiten und irgendwelche Eigenheiten nehmen.« »Irgendwelche Eigenheiten?« fragte Frau Sommer befremdet. »Ja, irgendwelche Eigenheiten, Frau Sommer. Wir haben bisher eine Menge Leute gehört. Sie selbst haben uns von den Liebhabern Ihrer Freundin erzählt. Wir haben die Männer vernommen, kommen aber nicht weiter. Wir haben bei unseren Recherchen auch etwas davon gehört, dass Frau Schunkula einmal eine besondere Liebe zum eigenen Geschlecht gehabt haben soll. Sie, Frau Sommer, waren Ihren eigenen Angaben zufolge die beste Freundin von Frau Schunkula. Ich stelle Ihnen die ganz konkrete Frage: Galt dies auch der körperlichen Liebe? War Frau Schunkuia lesbisch veranlagt?«

Die Sekretärin erschrak und wurde zunächst blass, dann feuerrot. So direkt hatte sie noch niemand nach ihrer Neigung gefragt, sie schluckte ein paar Mal. Dann hatte sie sich gefangen und entschloss sich, gleich die Wahrheit zu sagen. »Ach wissen Sie, Herr Wengenmeier, es ist mir zwar peinlich, vor Ihnen und Ihren Kollegen darüber zu sprechen, aber es muss wohl sein. So direkt lesbisch veranlagt bin ich nicht. Ich glaube, dass auch die Margit nicht nur in dieser Richtung Befriedigung fand, aber ab und zu haben wir uns gegenseitig ... na ja ... entspannt. Aber das war alles vor ihrer Operation. Nachher hat sie in dieser Hinsicht keine Lust mehr verspürt. Und ich ... ja ich war ehrlich froh, dass da nichts mehr war, ich wäre da in eine ganz falsche Richtung gesteuert.«

»Hat es wegen des Auseinandergehens Streit gegeben?« fragte Hauptkommissar Wengenmeier. »Nein, wo denken Sie hin«, wehrte Frau Sommer ab. »An unserer Freundschaft hat sich nichts geändert.« Frau Sommer berichtete, dass sie am Montag, einen Tag vor dem gewaltsamen Tod, bei Frau Schunkula zu Besuch war. Die Freundin habe bei der Unterhaltung wieder von ihrem Schwarm aus Köln gesprochen und konkret gesagt, dass sie mit Carlo Schluss machen werde. Hauptkommissar Wengenmeier unterbrach den Redefluss seines Gegenübers: »Wir wollen jetzt nicht über das Verhältnis der Frau Schunkula zu Herrn Ehmeter oder Herrn Wolters sprechen, sondern noch etwas näher auf Ihr Verhältnis zu Frau Schunkula eingehen. Der Zustand in der Wohnung der Toten lässt nicht ausschließen, dass auch eine Täterin in Frage kommt. Wir müssen auch Sie als die beste Freundin der Ermordeten in unsere Überprüfungen mit einbeziehen.«

»Ach Sie meinen, ich habe die Margit umgebracht?« erkannte die Frau nun ihre Situation. »Nun, sagen wir einmal so: Theoretisch ist dies nicht ausgeschlossen.« »Nein, Herr Kommissar, da haben Sie kein Glück«, ereiferte sich Frau

Sommer. »Ihre Beteuerungen allein helfen uns und Ihnen nicht viel weiter«, bemerkte der Kriminalbeamte. »Sie und wir müssen den Vorwurf schon entkräften können.« Frau Sommer berichtete nun, dass sie am Dienstag mit ihrem Verlobten im Theater war, und dass sie anschließend im Café noch eine Flasche Wein miteinander getrunken hatten. Zur Sicherheit wurden von Frau Sommer auch noch Vergleichsfingerabdrücke genommen. Der daktyloskopische Sachverständige stellte fest, dass diese Fingerabdrücke mit den gesicherten Abdrücken am Abfalleimer mit Sicherheit nicht identisch waren. Die befragten Zeugen bestätigten das Alibi von Frau Sommer. »Jetzt hilft uns nur noch unwahrscheinliches Glück und der ›Kollege‹ Zufall«, bemerkte der Chef der Mordkommission deprimiert. Niedergeschlagen, enttäuscht und müde gingen die drei Kriminalbeamten um 23 Uhr nach Hause.

Die unerwartete Lösung des Falles

Am nächsten Tag dem Samstag saß Kriminalhauptkommissar Wengenmeier um 8 Uhr bereits wieder in seinem Büro. Er sichtete erneut die Akten und stieß dabei auf das am Vortag vom Landeskriminalamt eingegangene Gutachten, die Ausführungen über die Methoden und die Formeln überflog er. Dann stutzte er. »Auffallend viele mikroskopisch kleine schwarze Wollfasern unter den Fingernägeln«, las er und erinnerte sich, dass er weder an der Toten noch sonst in der Wohnung schwarze Wollbekleidung gesehen hatte.

Dann wurde ihm von der Wache Besuch gemeldet, es war Wilhelm Schunkula, der Bruder der Ermordeten. Der Mann versprach, sich um die Beerdigungsformalitäten und Nachlassangelegenheiten zu kümmern. Als Wengenmeier erwähnte, dass die Stiefmutter sich geweigert hatte, diese Sachen zu erledigen, fing sein Gegenüber ungefragt zu erzählen an: »Ach wissen Sie, meine Schwester Margit und ich haben bei dieser Frau eine sehr schlechte Kindheit und Jugend gehabt. Unser älterer Bruder ist früh davongelaufen, er lebt schon mehr als 20 Jahre in Kanada. Unsere Stiefmutter ist mit uns recht rau umgegangen, hat uns wegen Kleinigkeiten geschlagen und hart bestraft. Mütterliche Gefühle oder gar Liebe gegenüber uns Kindern hat sie nie aufgebracht. Sie war geizig und bigott, immer musste gleich der Herrgott herhalten. Als ich gestern in Augsburg ankam, habe ich mich ein wenig umgehört. Die Stiefmutter hat bei der Hausmeisterin und im Milchgeschäft nebenan nach dem Tod von Margit sehr schlecht und abfällig über sie gesprochen. Die Hausmeisterin hat mir erzählt, dass die Stiefmutter richtig hasserfüllt und furchtbar über Margit geschimpft hat.« Mit einem Schlag fielen Hauptkommissar Wengenmeier zwei Dinge ein. »Auffallend schwarze Wollfasern« waren festgestellt worden, er erinnerte sich an seinen Besuch bei der alten Frau, die ganz schwarz gekleidet war. Die Gedanken des Kriminalbeamten machten Sprünge: »Die alte Frau als Mörderin ihrer Stieftochter? Aber das kann doch gar nicht sein. Eine 70-Jährige kann gar nicht so weit gehen.«

Dann wandte sich Wengenmeier wieder seinem Gegenüber zu: »Herr Schunkula, ich möchte Ihnen eine delikate

Frage stellen, die Sie mir nicht zu beantworten brauchen. Aber wir müssen alle Möglichkeiten in Betracht ziehen. Trauen Sie Ihrer Stiefmutter zu, dass sie Ihre Schwester getötet hat?« Wilhelm Schunkula überlegte lange, ehe er sagte: »Das weiß ich nicht. Bei aller Herzlosigkeit, das traue ich ihr dann doch nicht zu. Warum auch?«

Als Wilhelm Schunkula gegangen war, saß Hauptkommissar Wengenmeier noch lange auf seinem Stuhl hinter seinem Schreibtisch. Konzentriert überlegte er, was alles gegen die Stiefmutter der Ermordeten sprach. Da gab es zwar noch einige Ungereimtheiten, aber die, meinte er, werde man schon aus der Welt schaffen können. Er rief seine Mitarbeiter zu Hause an und bat sie, ins Büro zu kommen. »Was haltet ihr davon?« fragte er die beiden Männer, nachdem er ihnen die These von der Stiefmutter als Mörderin erläutert hatte. »Eigentlich schade«, meinte Schöberl betrübt, »wo sich die Sache mit den Liebhabern als Täter so schön angelassen hat.«

»Da Du die Sache auf die Stiefmutter lenkst, fällt mir was ein«, sagte Oberkommissar Bauer aufgeregt und begann in den schriftlichen Unterlagen zu blättern. »Was suchst Du überhaupt?« fragte Schöberl. »Da sind doch die beiden Männer von der Stadtverwaltung vernommen worden, die am Mittwoch zur Wohnung der Schunkula geschickt worden sind. Der eine hat in seiner Vernehmung so eine Bemerkung gemacht ... so als Nachsatz. Ich meine, das war was mit der Stiefmutter. Aber was?« Endlich fand er die Niederschrift und triumphierte: »Da steht es. Der Bürobote Müller sagt aus: ›Übrigens, als wir das Haus Klinkerbergstraße 4 schon verlassen hatten, hat uns Herr Krause, der Mann aus dem Laden im Parterre links, noch einmal zurückgerufen. Er meinte, dass die Mutter von der Schunkula etwas wissen könnte, die sei ja gestern Abend noch da gewesen.‹ Merkt Ihr was? Der Kaufmann Krause sagte am Mittwochvormittag zu den Männern von der Stadtverwaltung, dass die Stiefmutter am Dienstagabend bei ihrer Stieftochter gewesen ist.« »Mensch, wie konnte uns das entgehen«, schimpfte Wengenmeier. »Wer hat denn die Vernehmung gemacht?« »Das war der Kriminalmeister Zacherl, der ist erst vor drei Monaten zu uns gekommen«, antwortete Oberkommissar Bauer. »Es war ja auch nur eine Randermittlung. Was konnten die beiden Männer auch schon Wichtiges wissen?«

»Ist wenigstens der Kaufmann Krause dazu vernommen worden?« fragte Wengenmeier. Oberkommissar Bauer blätterte in den Akten und sagte dann: »Da ist ein Vermerk: Kaufmann Krause ist am Mittwochmittag zu einer mehrtägigen Geschäftsreise aufgebrochen, seine Anhörung war bisher nicht möglich.« »Wir fahren zu ihm, vielleicht ist er schon zurück«, bestimmte Wengenmeier. Die Beamten hatten Glück, Herr Krause war in seinem Geschäft. »Ja freilich«, sagte er, »die Mutter der Schunkula war am Dienstagabend da. Ich kann mich gar nicht täuschen. So um 18 Uhr ist sie gekommen. Weggehen habe ich sie allerdings nicht gesehen.« Die Beamten bedankten sich und stiegen in ihren Dienstwagen. »Und jetzt nichts wie hin zur Stiefmutter«, ordnete Hauptkommissar Wengenmeier an. Als die Kriminalbeamten vor der Wohnung der Frau ankamen und die Türglocke drückten, vernahmen sie aus der Wohnung die

Stimme der alten Frau: »Die Tür ist offen!« Hauptkommissar Wengenmeier ging voran in die Wohnküche. Am Küchentisch lehnte die alte Frau, schwarzgekleidet in Mantel und altmodischem Hut. Neben ihr auf dem Stuhl stand eine vollgepackte Reisetasche. Die Witwe Berta Schunkula war reisefertig. Ihr Gesicht war aschfahl, ihre Augen waren fast erloschen.

»Ja, Herr Kommissar, ich habe schon auf Sie gewartet«, sagte die Frau tonlos. »Ich bin fertig. Wir können gehen.« Die drei Kriminalbeamten waren sprachlos. Sie wussten nicht, wie sie sich verhalten sollten, etwas linkisch standen die Männer vor der 70-Jährigen, die ein schwarzes Doppelheft vom Tisch nahm und es Hauptkommissar Wengenmeier reichte. »Da steht alles drin«, sagte sie leise. »Das ist das letzte Tagebuch von der Margit.« Wengenmeier nahm das Heft und stellte fest, dass es tatsächlich das fehlende Tagebuch der Toten war. Die letzten Eintragungen behandelten die Streitigkeiten der beiden Frauen, der Tagebuchschreiberin und ihrer Stiefmutter. Frau Berta Schunkula gab sich einen Ruck und sagte noch einmal forsch: »Also gehen wir!« Die Kriminalbeamten brachten die Frau zum Dienstwagen und fuhren zur Polizeidirektion. Frau Schunkula ließ dort alles scheinbar teilnahmslos über sich ergehen. Sie wurde fotografiert und ihre Vergleichsfingerabdrücke wurden genommen. Es konnte eindeutig festgestellt werden, dass die Spuren am Emaileimer von der Stiefmutter Berta Schunkula stammten.

Das Geständnis

Im Büro des Leiters der Mordkommission dauerte es lange, bis die alte Frau zu sprechen begann. Dann erzählte sie stockend, es fiel ihr offensichtlich schwer, das wiederzugeben, was sie erlebt, was sie getan hatte. »Ich hab's in meinem Leben nicht leicht gehabt. Früher war meist kein Geld im Haus, mein Mann hat alles versoffen. Ich hab das Wenige richtig zusammenhalten müssen und arbeiten, ja arbeiten von früh bis in die Nacht hinein. Dann ist der Mann gestorben, und ich habe die angeheirateten Kinder gehabt, da wird man hart und vielleicht auch ungerecht. Nein, gut hatten es die Kinder nicht, aber ich habe nichts dafür gekonnt, bin halt so. Und jetzt mit dem Platz im Altenheim. Die Margit, die Schlampe, war ja immer nur auf die Mannsbilder aus, da hat sie immer die feine Dame, die Chefsekretärin gespielt. Immer hat sie sich nur mit verheirateten Männern eingelassen, wenn das keine Sünde ist, wo sie doch über 20 Jahre ein Verhältnis mit diesem Ehmeter gehabt hat, die ist schon bald mit jedem ins Bett gegangen. Ja, wir haben des Öfteren gestritten in der letzten Zeit. Wozu ist die denn in der Stadtverwaltung Chefsekretärin, wenn sie mich nicht einmal ins Annastift bringen kann? Wo ich doch quasi ihre Mutter bin. Am Dienstagmittag habe ich sie in ihrem Büro aufgesucht. Sie war so abweisend, richtig grob, da habe ich sie richtig geschimpft. Sie hat gesagt, sie habe keine Zeit am Abend, weil sie Besuch bekäme. Wahrscheinlich wieder so ein Mannsbild«, Frau Schunkula hielt kurz inne.

»Ich bin dann am Abend doch zu ihr in die Wohnung,

weil ich es wissen wollte. Sie war gerade im Keller und hat was zum Trinken geholt. Sie wollte mich unten an der Haustür abwimmeln, aber das hab ich mir nicht gefallen lassen. Ich bin mit ihr im Aufzug raufgefahren. Die hat sich gar nicht um mich gekümmert, sondern hat mich einfach im Zimmer stehen lassen und mit dem Staubsaugen angefangen. Da hab ich sie angeschrien. Sie hat gesagt, ich soll sie in Ruhe lassen, sie muss arbeiten, und mir wieder vorgehalten, wie schlecht ich sie als Kind behandelt habe. Wir haben richtig Streit gehabt, auf einmal hat mich eine richtige Wut gepackt. Ich hab den Abfalleimer genommen, der hat mitten im Zimmer gestanden, und auf das Weib eingeschlagen ... so mit beiden Händen von oben ... ein paar Mal. Am Kopf über dem Auge hab ich sie erwischt. Da ist das Blut gespritzt. Die hat keinen Muckser getan, davongelaufen ist sie ... in den Flur hinaus. Dort ist sie dann zusammengebrochen. ›Um Gottes Willen, was hab ich jetzt angestellt‹, hab ich mir gedacht. Ich bin in den Flur hinaus, hab die Margit gepackt und sie am Boden liegend wieder zurück ins Wohnzimmer gezogen. Da war alles voller Blut. Auf einmal ist die Margit wieder zu sich gekommen, hat um sich geschlagen und sich mit den Händen richtig in mich verkrallt. Das war so eklig, ich konnte sie gar nicht berühren. Da hab ich ein Holzscheit genommen, das auf dem Boden lag. Damit hab ich die Margit abgedrängt, am Hals erwischt und dann draufgedrückt, bis sie endlich Ruhe gegeben hat, bis sie sich nicht mehr gerührt hat«, die 70-Jährige starrte apathisch vor sich hin, ehe sie weitersprach.

»Da habe ich dagestanden vor der Margit und überlegt, voller Blut war ich. Ich hab mir gedacht, wenn die schon dauernd mit den Männern herumhurt, dann soll es auch so ausschauen, als ob sie so ein Liebhaber umgebracht hat. Ich hab ihr den Rock hochgeschoben, den Schlüpfer ausgezogen und den Büstenhalter aufgemacht, halt so hergerichtet, als ob gerade ein Mann mit ihr was gehabt hatte ... so mit Gewalt und so.« Die alte Frau schwieg, zusammengesunken saß sie auf dem Stuhl. Die Beamten hatten das Gefühl, als ob die Frau nun erleichtert sei, und ihr ein Stein vom Herzen gefallen wäre. Hauptkommissar Wengenmeier fragte behutsam: »Frau Schunkula, Sie waren ja nun voller Blut und immer noch in der Wohnung Ihrer Stieftochter. Wie sind Sie denn da wieder rausgekommen? Hat Sie niemand gesehen?«

»Ja mei, auf einmal ist mir bewusst worden, was ich da angestellt habe. Vorher, da ist alles wie automatisch gegangen. Ich bin ins Bad und hab mich gewaschen und das Blut mit Klopapier abgewischt, dann hab ich im Bad alles wieder sauber gemacht. Nachher hab ich einen alten Mantel von der Margit angezogen, so dass man das Blut auf meinem Gewand nicht gesehen hat, und lange in der Wohnung gewartet ... so bis 22.30 Uhr etwa, dann bin ich gegangen. Das Licht im Flur hab ich brennen lassen. Unten war die Haustür noch offen. Ich bin heim, hab mich umgezogen, das blutige Gewand in eine Plastiktüte getan und am nächsten Tag in die Abfalltonne geschmissen. Als ich da in der Wohnung von der Margit gewartet hab, ist mir das Tagebuch von ihr in die Hände gefallen. Ich hab darin geblättert und gelesen, dass dieses Weib alles aufgeschrieben hat ... wirklich alles. Wenn wir gestritten haben, hat sie alles notiert. Da hab ich mir gedacht, wenn jemand das Heft findet, dann fällt der Verdacht gleich auf mich. Deshalb hab ich es mitgenommen.« »Frau Schunkula, Ihre Untermieterin hat mir am Mittwoch doch bestätigt, dass Sie am Dienstagabend zu Hause waren«, bemerkte Hauptkommissar Wengenmeier.

»Die Simon, die dumme Person, die hat gar nicht bemerkt, dass ich weg gewesen bin«, antwortete die alte Frau und fügte hinzu: »Die hat doch ihren Kerl da gehabt, da kennt und hört sie sonst nichts mehr.« »Und nun Frau Schunkula?« fragte Wengenmeier. »Ich hab geglaubt, ich komm da raus aus dem Schlamassel. Aber die Gedanken ... den ganzen Tag und die ganze Nacht. Ich hab seit dem Dienstag kein Auge mehr zugetan. Und immer wieder das schmerzverzerrte Gesicht von der Margit vor mir mit den zerzausten Haaren ... alles voller Blut. Es geht nicht mehr, da drinnen«, die alte Frau schlug sich mit der Faust gegen die Brust, »da drinnen ist alles kaputt und leer. Wenn Sie heute nicht gekommen wären und mich geholt hätten, dann wäre ich von selbst zu Ihnen gekommen. 100-mal hab ich überlegt und mich selbst umbringen wollen, aber es nicht fertig gebracht. Nein, bei mir ist nichts mehr da ... kein Mumm, keine Kraft.« Die drei Kriminalbeamten waren betroffen, dann überwanden sie sich, alles, was die Frau gestanden hatte, niederzuschreiben. Der Staatsanwalt und der Ermittlungsrichter wurden verständigt.

Am nächsten Tag, am Sonntag, dem fünften Tag nach

der Aufdeckung der grauenvollen Mordtat, wurde die 70-jährige Frau Berta Schunkula in das Untersuchungsgefängnis eingeliefert. Eine Woche später nahm sie sich in der Justizvollzugsanstalt das Leben.

Kapitel 6

Gattenmord

Die Ehe der aus einer Ortschaft südlich von Nürnberg stammenden Näherin Erika Hoier und des zehn Jahre älteren Maschinenstrickers Albert Pachlinger wurde sehr früh wegen der ungeplanten Schwangerschaft der gerade 20-Jährigen geschlossen. Die junge Familie lebte in einem kleinen Einfamilienhaus, das sie mit Unterstützung der Eltern finanziert hatte. Erika und Albert hatten sich ihr gemeinsames Leben jedoch anders vorgestellt, beide griffen bald frustriert und in besorgniserregender Regelmäßigkeit zum Alkohol. Das ging so weit, dass Erika im August 1981 in einem »vollkommen desolaten« Zustand ins Ansbacher Bezirkskrankenhaus eingewiesen werden musste. Die Frau war alkoholabhängig, sie konsumierte täglich zehn bis zwölf Flaschen Bier und dazu auch noch nicht geringe Mengen Schnaps. Bei der Einlieferung war sie stark unterernährt. Dem Arzt erzählte Erika Pachlinger damals, dass auch ihr Mann »sehr viel gesoffen« und sie oft geschlagen habe. Von »anderen Weibern«, die ihr Mann habe, sprach sie auch.

Im Krankenhaus besserte sich der Zustand der Frau nur

langsam. Als sie nach viereinhalb Monaten entlassen wurde, war sie trocken. Aber im tristen Alltag mit dem alkoholabhängigen Ehemann wurde auch sie schnell wieder rückfällig.

Vier Jahre vergingen, dann war Albert Pachlinger im Oktober 1985 plötzlich verschwunden. Den Verwandten und Nachbarn fiel die dauernde Abwesenheit des Mannes auf. Auf entsprechende Nachfragen erklärte Erika Pachlinger, dass ihr Mann »mit einem anderen Weib abgehauen« sei, niemand zweifelte an dieser Aussage.

Das Verbrechen kommt heraus

Am 27. November 1985 brach im Einfamilienhaus der Familie Pachlinger ein Brand aus. Aus den Kellerfenstern und der Haustür drangen Rauchschwaden ins Freie. Der in der Nachbarschaft wohnende Vater von Erika Pachlinger verständigte die Feuerwehr. Die ebenfalls hinzugezogene Polizei fand bei der Untersuchung des Unfallorts die zum Großteil verkohlte Leiche Albert Pachlingers im Keller seines eigenen Hauses. Die Beamten erfuhren von der Ehefrau und deren Vater, dass Albert Pachlinger nach sechs Wochen Abwesenheit überraschend zurückgekommen sei und sich im Keller wohl selbst umgebracht habe. »Selbsttötung durch Verbrennen« stand dann auch schon im Totenschein, als die inzwischen eingeschaltete Kriminalpolizei stutzig wurde. Eine Obduktion der Leiche erbrachte den Beweis: Albert Pachlinger war durch massive Schläge mit einem scharfen Gegenstand auf Kopf, Gesicht und Brust ums Leben gekommen.

Der Verdacht der Täterschaft fiel schnell auf die Ehefrau, und auch die 17-jährige Tochter Elke schien auf irgendeine Weise an der Tat beteiligt gewesen zu sein. Bei den Ermittlungen wurden den Beamten der Kriminalpolizei verschiedene Versionen des Tathergangs erzählt. Zunächst beschuldigte Erika Pachlinger ihre Tochter Elke, den Vater getötet zu haben. »Die Elke hat es vorgeschlagen«, sagte sie. Nachdem man sich geeinigt habe, hätte Elke gemeint: »So machen wir es« und schon die Holzhacke aus dem Schuppen geholt.

Die Tochter wies diese Vorwürfe entschieden von sich. »Mein Vater war der beste Freund, den ich je hatte. Warum hätte ich ihn töten sollen?« Sie sei erst durch eine lautstarke Auseinandersetzung der Eltern aufmerksam geworden. Auch Elkes Freund, ein 19-jähriger, arbeitsloser Metzgergeselle, wurde als Täter oder zumindest Tatbeteiligter ins Gespräch gebracht.

Trotz der verwirrenden Aussagen über das Verbrechen von Mutter und Tochter konnte schließlich doch ein plausibler Tatablauf rekonstruiert werden.

Die Mordtat

Streit war im Haus der Eheleute Pachlinger an der Tagesordnung, Erika Pachlinger war wohl von der grundlosen Eifersucht getrieben, dass ihr Mann ein Verhältnis mit der Nachbarin habe. Darüber hinaus litt sie unter dem Wahn, ihr zehn Jahre älterer Partner würde sie verlassen. Schon einen Tag vor der Tat fasste sie den Entschluss, ihren Mann zu töten. Sie holte ein 35 cm langes Handbeil aus dem Schuppen und versteckte es in einem Karton neben dem Küchenbuffet.

Als Albert Pachlinger am Freitag, dem 11. Oktober 1985, nach einer kurzen Unterhaltung mit der Nachbarin gegen 17 Uhr in die Wohnung kam und sich in der Küche zum Abendessen an den Tisch setzte, fing die Frau wieder zu geifern an: »Hast schon wieder mit der Irene zusammengestanden.« Albert Pachlinger reagierte jedoch nicht, drehte am Küchentisch sitzend der Frau den Rücken zu und aß weiter sein Abendessen. Da holte Erika Pachlinger das Beil aus dem Versteck hervor, trat von hinten auf ihren arglosen Mann zu, holte aus und schlug mit der scharfen Seite des Beils von hinten auf den Kopf ihres Gatten ein. Nach dem ersten Schlag drehte sich das Opfer um, erneut schlug die Frau zu und traf den Mann im Gesicht. Obwohl Albert Pachlinger nun zu Boden ging, ließ die Ehefrau nicht von ihm ab, sie traf ihn noch mehrfach auf Gesicht und Brust.

Durch die lautstarke Auseinandersetzung ihrer Eltern aufgeschreckt kam Tochter Elke hinzu. Sie hatte durch einen Türspalt zugeschaut, wie ihre Mutter mit dem Beil auf ihren Vater eingeschlagen hatte. Die ganze Küche war voller Blut, so dass sich Elke zunächst mehrmals übergeben musste. Dann aber kamen Mutter und Tochter überein, den leblosen Mann in den Keller zu schaffen. Sie wickelten ihn in eine Hundedecke und schafften ihn in den Holzkeller. Die Küche wurde von allen verräterischen Spuren gereinigt, das Beil abgewaschen und wieder in den Schuppen gebracht.

Fünf Wochen lang lag die Leiche im Keller. Unterdessen

erzählte Erika Pachlinger in der Nachbarschaft, dass ihr Mann mit »einem anderen Weib abgehauen« sei.

Einige Zeit nach der Mordtat bat Tochter Elke ihren Freund, mit ihr »nach Süden auf eine einsame Insel« zu fahren. Die beiden fuhren tatsächlich in Richtung Süden, in Salzburg überredete die junge Frau ihren Begleiter jedoch, wieder umzukehren. Daheim verlangte sie von ihrem Freund, er möge mit einem Benzinkanister in den Keller kommen, weil sie »dort ein Problem« habe. Wie sich herausstellte, sollten in dem Haus die Lichtleitungen neu verlegt werden. Elke befürchtete, bei den Arbeiten könnte die Leiche ihres Vaters entdeckt werden. Mutter und Tochter hatten deshalb beschlossen, im Keller einen Brand zu legen und den Toten dabei zu verbrennen. Gemeinsam bedeckten sie den schon faulenden Leichnam mit Lappen, Polstern und Matratzen. Den in die makabere Leichenbeseitigungsmethode mit einbezogenen Freund veranlassten die beiden Frauen, den Haufen mit Benzin zu übergießen und anzuzünden.

Dann aber bekamen die beiden Frauen Angst, das ganze Haus könne abbrennen. Elke und ihr Freund versuchten deshalb den von ihnen gelegten Brand wieder zu löschen. Inzwischen aber war der in der Nachbarschaft lebende Vater von Erika Pachlinger auf den Qualm im Untergeschoss des Hauses aufmerksam geworden und hatte die Feuerwehr verständigt. Irgendwie musste auch er eingeweiht gewesen sein, weil er der Polizei spontan erzählt hatte, sein Schwiegersohn habe »sich selbst verbrannt«.

Der Prozess

Ein Jahr nach der Bluttat, am 28. Oktober 1986, stand Erika Pachlinger vor den Richtern. Die Schwurgerichtskammer des Landgerichts Nürnberg verhandelte gegen sie wegen heimtückischen Mordes an ihrem arglosen Ehemann. Die Angeklagte gab nun zu, ihren Mann mit dem Beil umgebracht zu haben. Den Richtern erklärte sie, ihr Mann habe ein Verhältnis mit der Nachbarin gehabt. Diese Behauptung stützte sich allerdings einzig auf die Tatsache, dass sich Albert täglich mit der Nachbarin im Hof unterhalten hatte.

»Wie war denn die Ehe?« wollte der Vorsitzende Richter wissen. »Am Schluss war sie ganz schlecht, weil er dauernd so gesoffen hat, und weil er sich täglich mit der Nachbarin im Hof unterhielt«, berichtete die Angeklagte.

Der Freund der Tochter Elke, der absurder Weise zum Zeitpunkt des Prozesses als Leichenbestatter arbeitete, sagte vor Gericht: Er habe nicht gewusst, was ihn im Keller erwarten würde, als er von seiner Freundin mit dem gefüllten Benzinkanister dorthin geführt worden sei. Der Gestank habe ihn schockiert. Er habe die Polster und Kissen mit Benzin übergossen und angezündet, obwohl er keine Ahnung gehabt habe, was darunter lag.

Am zweiten Tag des Verfahrens kam der Psychiater zu Wort. Die Angeklagte leide aufgrund des starken Alkoholgenusses an der »Korsakow-Psychose«. Diese Psychose drücke sich unter anderem durch »zeitliche Orientierungs- und Gedächtnisstörungen aus und das Erinnerungsvermögen setze teilweise aus«, so der Gutachter. Trotz hirnorganischer

Veränderungen sei sich die Angeklagte darüber im Klaren gewesen, was das Verbrechen an ihrem Mann bedeute. Man müsse ihr jedoch »erheblich eingeschränkte Steuerungsfähigkeit« zuerkennen, fasste der Gutachter seine Ausführungen zusammen.

Die Staatsanwältin forderte in ihrem Plädoyer unter Berücksichtigung der vom Psychiater attestierten »eingeschränkten Steuerungsfähigkeit« anstatt der bei Mord obligatorischen lebenslangen Freiheitsstrafe zwölf Jahre Gefängnis für die Angeklagte.

Der Verteidiger hielt neun Jahre Freiheitsentzug für angemessen. »Es handelt sich um eine kranke Frau«, argumentierte der Rechtsanwalt, »deren Einsichtsfähigkeit voll gebremst war, und die gar nicht erfassen konnte, was sie wirklich begangen hat.«

Die Richter der Schwurgerichtskammer verurteilten Erika Pachlinger schließlich wegen Mordes an ihrem Ehemann zu elf Jahren Freiheitsentzug. Sie habe ihn brutal mit einem Beil von hinten erschlagen, als dieser arglos in der Küche beim Essen gesessen habe, begründete der Vorsitzende Richter den Schuldspruch. Strafmildernd habe sich das Geständnis ausgewirkt. Schließlich habe ihr zur Tatzeit eine »erheblich eingeschränkte Steuerungsfähigkeit« zuerkannt werden müssen.

Erika Pachlinger zeigte keine Regung, als das Urteil verkündet wurde. Zum Schluss aber sagte sie mehr zu sich selbst: »Elf Jahre ist ein Haufen Zeit. Ein Jahr ist schon sehr viel.«

Kapitel 7

Eine Schauspielerin vor dem Schwurgericht

In einer kalten Februarnacht des Jahres 1977 schoss eine Frau mittleren Alters rasend vor Eifersucht dreimal auf den gerade in die gemeinsame Starnberger Villa heimkehrenden Mann und verletzte ihn mit zwei Schüssen so schwer, dass er flüchtend vor dem Haus tot zusammenbrach.

Eine solche Tat ist in der Kriminalgeschichte nicht außergewöhnlich, was ihr Exklusivität verlieh war, dass die Mittvierzigerin eine exzentrische Schauspielerin war, die Gründe zu der Annahme hatte, dass der Heimkehrende sie einige Stunden vorher mit einer Multimillionärswitwe betrogen hatte. Zudem war der Getötete nicht der Ehemann der Täterin sondern ihr verheirateter, jüngerer Geliebter. Die sensationslüsterne Presse reagierte schnell und breitete im Zusammenhang mit diesem Fall das Leben der halbseidenen Münchner Gesellschaft mit Sex, Geld, Neid, Schulden, schnellen Autos und Luxuswohnungen aus. Ungewöhnlich war außerdem, dass die Midlifecrisis der Täterin mit beginnendem Klimakterium und altersbedingtem Karriereknick in den Mittelpunkt der Verteidigungsstrategie gestellt wurde. Und am Ende war der Fall aus kriminalistischer Sicht doch einmalig, weil Zeugen das Tatgeschehen inklusive der Todesschüsse am Telefon mitverfolgen konnten. Die Anklage warf der Schauspielerin – für viele Beobachter unverständlich – schließlich nicht Mord, sondern Totschlag vor.

Die Medien, namentlich die Boulevardpresse stilisierten diesen Prozess zum Sensationsprozess des Jahres hoch. Was in diesen Tagen im Schwurgerichtssaal des Münchner Justizpalastes ausgebreitet und genüsslich in die Öffentlichkeit getragen wurde, war eine Geschichte von Liebe und Leid, Demütigung, Hass und Verzweiflung, von Peinlichkeiten, Schmutz, Lug und Trug. Es war ein Spiel der Eitelkeiten mit der Angeklagten in der Hauptrolle und einer Vielzahl von Laien in den Nebenrollen. Da wurde von »Liebesritualen«, »Ekstase«, »Sexualakrobatik«, »Sexualverhalten mit ordinären Zügen«, »brutaler Männlichkeit«, »permanenter sexueller Frustration« und »sexuellem Betrug mit der eigenen Ehefrau« genauso berichtet wie vom Skifahren mit eigenem Lehrer, vom Ausreiten zu verschwiegenen Plätzen, vom Golfspielen, vom Urlaub an der Côte d'Azur und Reisen nach Übersee und anderem Gesellschaftsklatsch. Dem Zuhörer im Gerichtssaal und den Lesern einschlägiger Zeitungen musste bei so viel Exklusivität permanent ein Kribbeln den Rücken hinunterlaufen.

Zwar ging es um die Tötung eines Menschen, entlarvt wurde aber ein Teil der Hautevolee von München und Umgebung. Moralisten verfolgten den Prozess mit der »gebotenen« Entrüstung. Die Straßenpresse berichtete aber täglich voller Sensationslust alle Einzelheiten und profitierte dabei von der Neugier derjenigen, die sich für besser hielten als die im Prozess unmittelbar oder auch nur mittelbar Betroffenen. Eine regelrechte Hofberichterstattung über die Schauspielerin, ihre Liebhaber und Ehemänner und über die in den Fall verwickelten prominenten Zeugen verschleierte den Sachverhalt und ließ fast den traurigen Anlass der Reportagen vergessen. Diese Berichterstattung wurde möglich, weil die Angeklagte und ein Teil der Prozessbeteiligten in Exklusivverträgen ihr Wissen und ihre Erfahrungen für Beträge zwischen 10 000 und 100 000 Mark verkauften.

Was war wirklich geschehen?

Nach mehreren gescheiterten Ehen und einer Vielzahl von Amouren eroberte die nur mehr mit drittklassiger Arbeit beschäftigte 45-Jährige den um zwölf Jahre jüngeren, sich als reich gebenden Makler aus dem Kreis der so genannten Geldaristokratie, der zwar verheiratet war, aber den Altstar wohl auch als Aushängeschild für seine Geschäfte einkalkulierte.

Im Herbst 1974 hatte die Schauspielerin gerade eine längere Partnerschaft mit einem fünf Jahre jüngeren, aus dem Nichts emporgestiegenen, neureichen und potenten Bauunternehmer hinter sich. Diese Verbindung hatte hoffnungsvoll mit der Gewährung eines Darlehens in Höhe von 50 000 Mark an den aktuellen Ehemann begonnen und war mit der Zahlung einer Abstandssumme von fast 50 000 Mark – monatlich 3 500 Mark über mehr als ein Jahr – an die gewesene Geliebte und deren Rauswurf aus der gemeinsamen

Wohnung beendet worden. Als das aus der Monatsapanage stammende Geld des Bauunternehmers wegen »Vertragsablaufs« ausgeblieben war, kam dem Star der Finanz- und Immobilienmakler in Seidenhemd und Maßanzug mit Jaguar und Autotelefon offensichtlich gerade recht, um das süße Gesellschaftsleben weiterführen zu können.

Der neue Mann war immer bemüht, durch ein großspuriges und aufwendiges Leben Aufmerksamkeit zu erregen. Er verkehrte nur in den teuersten Lokalen und zählte zu den ständigen Mitgliedern der Münchner Partygesellschaft. Er benutzte zeitweise eine Dreimastyacht an der Côte d'Azur, die ihm zwar nicht gehörte, für deren Besitzer er sich aber ausgab. Mehrere Luxusvillen, die ihm als Makler zum Verkauf an die Hand gegeben wurden, bewohnte er kurzfristig so, als ob er der Eigentümer wäre. Für diesen Mann begann das Leben erst bei Hummer und Kaviar und der Anwesenheit an den Plätzen der so genannten großen Welt.

Die Frau wusste zunächst nicht, dass er in Wirklichkeit hoch verschuldet und ständig auf der Flucht vor dem Gerichtsvollzieher war. Trotzdem mieteten sich die Schauspielerin und ihr neuer Geliebter für ihr Zusammenleben, an dem in der Folgezeit manchmal auch die gehörnte Ehefrau mit den beiden Kindern teilnehmen durfte, eine Luxusvilla in Starnberg bei München zu einem mehrere Tausend Mark hohen monatlichen Mietpreis. Der obligatorische Swimmingpool musste innerhalb von drei Tagen nachträglich eingebaut werden.

Anfangs ging das Arrangement offensichtlich ganz gut, der sinkende Stern am Schauspielerhimmel spielte die Villeneignerin, ihr Geliebter versuchte, das große Geld zu machen. Man zählte sich zur Schickeria Münchens, gab sich in der Öffentlichkeit als Ehepaar aus, unternahm gemeinsame Reisen und »liebte sich jeden Morgen, weil das zum gemeinsamen Ritual gehörte«. Außerdem wurden die teuersten Hotels, bekanntesten Diskotheken, Restaurants und Bars frequentiert und der außergewöhnliche Vorzug genossen, in der Münchner Nobelherberge »Bayrischer Hof« als Stammgast die Speisen sogar an der Bar serviert zu bekommen. Bezahlt wurde mit der Diners-Club-Karte, und weil das so einfach war, durfte auch des Liebhabers Angetraute mit einer solchen Karte einkaufen. Nur seiner Geliebten verweigerte der smarte Makler diese Vergünstigung; diese stand im Frühjahr 1976 mit 25 Mark Bargeld im Supermarkt und konnte damit nicht einmal das Notwendigste für den täglichen Bedarf einkaufen.

Der Liebe tat es auch keinen Abbruch, wenn sich die Schauspielerin für Geschenke zum Weihnachtsfest 1976 von ihren Kollegen 2000 Mark zusammenleihen und bei der Bank ein Darlehen über weitere 2000 Mark aufnehmen musste, um dann mit dem Geliebten ungeniert über Neujahr einen Urlaub auf Martinique in der Karibik mit Faulenzen, Golfspielen, Tauchen und Wandern verbringen zu können. Das Einzige, was allenfalls störte, und worüber sich der Altstar aufregen konnte, war, dass er einen Urlaub an der Côte d'Azur mit seinem Partner in einem »kleinen Bungalow« verbringen musste, während zur gleichen Zeit Ehefrau und Kinder im eleganten Golfhotel am selben Ort untergebracht wurden.

Obwohl nach der Rückkehr aus dem Neujahrsurlaub das Geld ausging, gönnte man sich anschließend einen dreiwöchigen Skiurlaub in den Bayrischen Bergen mit eigenem Skilehrer. Das eigene Reitpferd im Mietstall musste selbstverständlich auch des Öfteren bewegt werden. Reisen auf die Bahamas, nach San Franzisko und Los Angeles waren genauso selbstverständlich wie der Aufenthalt in Luxusvillen an der Côte d'Azur und ein Segeltörn im Mittelmeer. Der Porsche der Geliebten war bald nicht mehr gut genug, ein englischer Jaguar musste her, der Gattin wurde ein Alfa-Romeo geschenkt.

Weil feine Leute sich ab und an auch streiten, tat man dies ausgiebig in aller Öffentlichkeit. Da schüttete die Schauspielerin theatralisch ihrem Liebhaber in einer exklusiven Bar ein Glas Rotwein ins Gesicht, zerschmetterte das Glas an der Wand und verließ demonstrativ die Bar, um sich wenige Minuten später zurückholen zu lassen, damit man sich wieder versöhnen konnte. Da gab man sich in Diskotheken gegenseitig Ohrfeigen und schlug sich im Auto den Telefonhörer ins Gesicht.

Zu Ostern 1976 stellte die Schauspielerin »offiziell« fest, dass sie von ihrem Geliebten mit einer anderen Frau betrogen worden war, außerdem mokierte sie sich darüber, dass ihr Liebhaber »es« mit der eigenen Frau »getrieben« habe. Trotzdem verlebte man einen »wunderschönen« Osterurlaub an der Côte d'Azur.

Als Dame musste man demonstrieren, dass man im Umgang mit seinen Mitmenschen auch ordinär sein kann. Der Freundin erzählte die Schauspielerin, dass »der nächste

Macker alles bezahlen müsse«, den Onkel des Geliebten nannte sie einen »Hurenbock« und »Provinzonkel«. Die Urlaubsbekanntschaft ließ sie wissen, dass sie eine »unwahrscheinliche Männerhasserin« sei, und dass jedes Baby, das »mit einem Zipfel« zur Welt kommt, vernichtet werden müsse. Ihren gewesenen Liebhaber nannte sie einen »Proleten«, »Rumbumser« und »Frauenschläger«. Im Großen und Ganzen war es offenkundig eine bewegte, mit Höhen und Tiefen angefüllte Romanze zwischen der Schauspielerin und ihrem Geliebten.

Als dann aber der Gerichtsvollzieher in der Luxusvilla ein und aus ging, kühlte die Beziehung merklich ab. Im Laufe des Jahres 1976 sei es zu keinem sexuellen Höhepunkt mehr gekommen, bekundete später die Angeklagte freimütig vor Gericht. Die Lust des Liebhabers auf andere, jüngere Frauen wurde auch immer größer. Es kam regelmäßig zu Streit zwischen den zwei ungleichen Partnern, Trennung und Versöhnung wechselten bald in ständigem Gleichmaß. Die Nörgeleien und Sticheleien des sich meist hysterisch gebenden Altstars, eine noch angetraute Ehefrau mit Kindern finanziell am Hals, den Angeboten anderer Frauen nicht abhold und über sich einen Schuldenberg von mehreren Millionen Mark brachten den 33-jährigen Liebhaber offensichtlich dazu, sich auf möglichst unkomplizierte Weise aus dem Verhältnis mit dem exzentrischen Star stehlen zu wollen.

Dass die bei der Liaison mit dem Finanzmakler investierte Zeit und Zuneigung umsonst gewesen sei, und sich der Geliebte anschickte, sie zu verlassen, brachte wiederum die Schauspielerin zu der Erkenntnis, dass eine Lebens- und Liebesepisode, in der sie wieder einmal eine Niederlage erlitten hatte, zu Ende ging, und dass sie vor dem Scherbenhaufen ihres bewegten Lebens stand.

Der Countdown

Am Nachmittag des 2. Februar 1977 bat der Finanzmakler in seinem feudalen Büro in der Münchner Innenstadt seine Geliebte, am Abend in der Luxusvilla eine Liebesnacht mit Sauna und Kaminfeuer vorzubereiten. Voll freudiger Erwartung richtete die Schauspielerin das Heim entsprechend her. Als der Makler aber zum vereinbarten Zeitpunkt nicht nach Haus kam und erst gegen 22 Uhr telefonisch sein Eintreffen ankündigte, um dann doch nicht zu erscheinen, geriet der alternde Star in Panik. Nach anderthalb Stunden des Wartens rief die Schauspielerin in der Bar an, in der ihr Partner angeblich noch von Geschäftsfreunden aufgehalten wurde. Dort erfuhr sie, dass der Geliebte an diesem Tag gar nicht anwesend gewesen sei.

Weil der Treulose nicht greifbar war, musste nun das Telefon zum Abreagieren ihrer Verärgerung dienen. Zunächst rief sie die Ehefrau des Liebhabers an, nach Mitternacht wurden dann auch die Eltern des Geliebten aus dem Schlaf gerissen. In endlosen Ferngesprächen klagte der Star sein Leid und beschwerte sich bitterlich über die »Auswärtsspiele« des Liebhabers.

Gegen ein Uhr ließ sich der Makler am Telefon noch einmal hören und eröffnete seiner Gespielin, dass er sie verlassen werde, weil er sich in eine andere Frau verliebt habe. Bei diesem Gespräch fiel auch der Name einer attraktiven Multimillionärswitwe aus der Geldaristokratie von München. Aufgrund mehrerer »freundschaftlicher Hinweise« hatte die Schauspielerin schon Tage zuvor kombiniert, dass ihr Geliebter sich nun dieser Frau zugewandt hatte. In ihrer Verzweiflung muss die Schauspielerin nun den im Haus aufbewahrten Revolver geholt und geladen haben. Auf dem fellüberzogenen Rundbett im Schlafzimmer harrte sie dann auf das Kommen des Mannes, der sie verlassen wollte.

Da läutete das Telefon abermals, eine der Schauspielerin völlig fremde Frau war am Apparat. Es war eine Rechtsanwaltsgattin aus dem Allgäu, die wegen der Vollmondnacht nicht schlafen konnte und sich ausgerechnet in diesem Moment an ihren Geschäftspartner erinnerte, mit dem sie vor einigen Wochen eine Provisionsaktion über eine halbe Million Mark mit einer außerehelichen Liebesnacht im Hotel abgeschlossen hatte. Da sie um ihren Anteil fürchtete, rief die Rechtsanwaltsgattin nun mitten in der Nacht in der Starnberger Villa an. Am anderen Ende der Leitung vernahm die Anruferin aber nicht ihren Geschäftspartner, sondern völlig aufgelöst, hysterisch und einem Weinkrampf nahe die Schauspielerin. Zwischen beiden Frauen entwickelte sich in dieser schicksalhaften Stunde ein längeres Gespräch. Noch während dieses Telefongesprächs über mehr als 100 km Entfernung betrat der Finanzmakler das Haus.

»Jetzt ist er da!« hauchte die Schauspielerin ins Telefon und dann zu dem Heimkehrenden gewandt: »Bitte sei ruhig, ich spreche mit jemandem sehr Lieben.« Eine Zeitlang hörte die Rechtsanwaltsgattin nichts, obwohl die Telefonverbindung noch bestand. Dann aber vernahm sie plötzlich die Detonation eines Schusses, gleich darauf war die Verbindung unterbrochen.

Just in diesem Moment gelang es der Mutter des Finanzmaklers, die sich wegen des vorangegangenen Gesprächs mit der Geliebten ihres Sohnes Sorgen gemacht hatte, nach längeren Versuchen eine Telefonverbindung nach Starnberg zu bekommen. Nichtsahnend wurden sie und ihr danebenstehender und mithörender Gatte in den nächsten Minuten am Telefon Zeugen, wie ihr Sohn von seiner Geliebten erschossen wurde. Zunächst war die Schauspielerin am Telefon, sie erklärte, dass ihr Partner da sei und übergab den Hörer an den Finanzmakler. Dieser beruhigte die Mutter und sagte, dass schon alles wieder in Ordnung gehe. Als die Mutter gerade im Begriff war, den Hörer aufzulegen, vernahm sie plötzlich im Hintergrund ein trippelndes Geräusch und die Stimme ihres Sohnes: »Mach doch keinen Blödsinn! Immer diese blöden Weiber!« Gleich darauf erschallte im Telefonhörer ein Schuss. »Mama mia, lass doch diesen Blödsinn«, dröhnte die vertraute Stimme des Sohnes im Hörer, noch einmal krachte ein Schuss, dann war Stille. Der mithörende Vater vernahm nur noch, wie die Schauspielerin tonlos sagte: »Ich habe ihn angeschossen! Ich rufe die Polizei!« Dann wurde die Telefonverbindung unterbrochen.

Doch gleich darauf läutete das Telefon in der Villa abermals. Der Rechtsanwaltsgattin aus dem Allgäu war es wieder gelungen, die Verbindung herzustellen. Sie erfuhr von der Schauspielerin mit leiser, monotoner Stimme, dass diese mit den Schüssen aus der Pistole ihren Geliebten getroffen habe, und dass er vor der Tür liege. Die Rechtsanwaltsgattin fuhr daraufhin mit ihrem Auto vom Allgäu nach Starnberg. Auch die Eltern und die von ihnen verständigte Schwester des Finanzmaklers machten sich von München aus auf den Weg zur Villa. Sie alle aber konnten nicht mehr helfen, der Finanzmakler war kurz nach den Schüssen vor seinem Haus verblutet.

Die Schauspielerin diktierte einige Stunden nach ihrer Festnahme im Beisein eines Rechtsanwaltes und zweier Polizeibeamter dem vernehmenden Kriminalbeamten in die Maschine: »Ich begriff, dass aus einem idiotischen Spiel ernst geworden war, und dass ich den Mann verloren hatte, den ich trotz allem über alles geliebt habe.«

Der Prozess

Das Schwurgericht in München setzte schon fünf Monate nach der Tat im Juli 1977 den Prozess gegen die Schauspielerin wegen vorsätzlicher Tötung eines Menschen fest und plante insgesamt fünf Tage Prozessdauer ein. 32 Zeugen und 11 Sachverständige waren aufgeboten, in drei Tagen Beweisaufnahme Licht in die Düsternis zu bringen, die umso verschwommener wurde, je mehr man darin forschte. Schon Tage zuvor machte die Boulevardpresse auf den Prozess aufmerksam und gab Statements über die Richter, den Staatsanwalt und die Verteidiger ab.

Schlagzeilen, wie: »Morgen beginnt der Sensationsprozess!«, »Schauspielerin erschoss ihren Geliebten!«, »Ganz in schwarz auf der Anklagebank!«, »Fünf Männer richten über die Frau, die ihren Geliebten erschoss!«, »Drei Frauen haben als Zeugen das Schicksal des Stars in der Hand!«, »Drama mit echter Leiche – ein Star steht vor Gericht!«, brachten es fertig, dass am ersten Tag des Prozesses Tausende Neugierige versuchten, einen Platz im Gerichtssaal zu bekommen. Die Ersten hatten sich schon um Mitternacht vor dem Justizpalast eingefunden. Etwa 200 Zuschauer wurden schließlich eingelassen.

Der Sachverhalt

Am eigentlichen Tathergang und an der Täterschaft der Schauspielerin bestanden nicht die geringsten Zweifel. Die Frau hatte mit dem vorher schon griffbereiten, geladenen Revolver nach einem Demonstrations- oder auch Warnschuss ihren Geliebten, der gerade mit seiner Mutter telefonierte, aus nächster Nähe durch einen Schuss in den Bauch verletzt und unmittelbar darauf auf den flüchtenden Mann einen weiteren Schuss abgefeuert, der schließlich zum Tod geführt hatte. Nach der Tat hatte der Star den Revolver in den Swimmingpool im Garten geworfen, wo er später von der Polizei herausgefischt und sichergestellt werden konnte. In der Villa gefundene Projektile und Patronenhülsen untermauerten den angenommenen Tatablauf. Aus den ganzen Umständen musste geschlossen werden, dass die Angeklagte mit direktem Vorsatz gehandelt hatte.

Zwangsläufig wurde bei dem Prozess die Angeklagte in den Mittelpunkt des Geschehens gerückt. Sie bewies dann auch im Gerichtssaal, dass es ihr Handwerk war zu reden und darzustellen. Nach anfänglichem Lampenfieber sprach sie gewählt und literarisch fast bühnenreif. Sie redete stundenlang annähernd druckreif nur über sich, voller Selbstmitleid entblätterte sie sich vor Gericht und der Zuhörerschaft. Wie einstudiert schilderte sie ihr bewegtes Leben vom Flüchtlingskind über das Taxi-Girl zum gefeierten Film- und Fernsehstar und schließlich zur enttäuschten Geliebten so, als hätte sie die Rolle gut gelernt.

Unter der Regie eines gewandten und prozesserprobten Verteidigers entstand vor Gericht das Bild einer Frau, die in einer in mehrfacher Hinsicht begründeten Lebenskrise und einem in ungewöhnlicher Weise ausgeprägtem Partnerschaftskonflikt den Mann getötet hatte, dem sie wechselseitig schicksalhaft mit magnetischer Anziehungskraft verbunden war. Da wurde eine Schauspielerin dargestellt, die es nicht wahrhaben wollte, dass sie sich beruflich auf einem absteigenden Ast befand, und die sich eingebildet hatte, dass die großen Rollen der Weltliteratur erst noch auf sie zukommen würden, die Rollen der intelligenten, körperbewussten, im Leben stehenden Frau.

Es wurde aber auch eine Frau gezeigt, die vor Jahren als Künstlerin in der Glanzzeit ihrer beruflichen Karriere im Mittelpunkt des gesellschaftlichen Lebens gestanden hatte, und die nun durch ihren altersbedingten Abtritt von einer Bühnenkarriere, durch das beginnende Klimakterium und durch das mit ihren Liebhabern von ständigen Lügen gekennzeichnete Doppelleben belastet und zermürbt worden war. Bei der Skizzierung der Angeklagten vor Gericht wurden schließlich der häufige Wechsel und die Kurzlebigkeit der vielfachen Partnerbeziehungen mit allen Intimitäten bloßgelegt. Am Schluss der Beweisaufnahme stand das facettenreiche Bild einer Persönlichkeit, das die Frage offen ließ, ob die zutage getretenen Gemütsregungen, Gefühlsäußerungen und überhaupt das ganze Verhalten echt waren, denn die Frau hatte als versierte Schauspielerin vielfach bewiesen, dass sie Rollen überzeugend gestalten konnte.

Die Persönlichkeit des Getöteten wurde weniger differenziert gezeichnet. Er wurde als schillernd und zwielichtig hingestellt, einerseits liebenswert, charmant und zärtlich, andererseits aber weichlich und treulos. Als »Playman« wurde er dargestellt, der seine Frauen ausgenutzt und betrogen hatte. Von dem auf großem Fuß lebenden Finanzmakler wurde das Bild eines Betrügers gezeichnet, der wirtschaftlich an der Grenze zum Kriminellen stand. Fast entstand bei der Persönlichkeitsanalyse der Eindruck, als ob der Makler die Schüsse wegen seiner Untreue eigentlich »verdient« habe.

Die Gutachter

Der Sachverständige für Schusswaffen erklärte dem Gericht, dass aufgrund der gesicherten Spuren und des Verlaufes des Schusskanals die Tathandlung rekonstruiert werden konnte. Danach wurde die Tat mit einem fünfschüssigen Revolver,

Marke Smith-Wesson USA-Model 37, auch »Chefs Spezial Airweight« genannt, ausgeführt. Mit der Waffe waren insgesamt drei Schüsse abgefeuert worden. Die Stellung der Trommel und die Anordnung der darin befindlichen abgeschossenen Patronen ließen den Schluss zu, dass die Täterin auch ein viertes Mal abgedrückt hatte, aber ein Schuss nicht mehr losgehen konnte, weil in dem Patronenlager der Trommel keine Munition mehr war.

Die Rekonstruktion ergab, dass das Opfer den linken Arm etwa 90 Grad, wie beim telefonieren üblich, angehoben hatte, als es von einem Schuss getroffen wurde. Der nach dem ermittelten Sachverhalt und der Örtlichkeit erste der abgegebenen Schüsse, wurde vom Schlafzimmer aus durch die Terrassentür auf den Balkon gefeuert, dabei handelte es sich um einen Warnschuss. Ein weiterer Schuss trat an der Vorderseite des Unterbauches des Opfers rechts in Höhe des Beckenkammes ein, durchschlug den Bauch und trat am Rücken etwa 5 cm tiefer wieder aus. Der letzte Schuss durchschlug den Körper quer, trat am Brustkorb links in Höhe der 9./10. Rippe ein, zerriss eine Hauptschlagader und trat an der rechten Hüfte wieder aus.

Der Gutachter für Blutalkoholbestimmung errechnete bei der Angeklagten zur Tatzeit einen Alkoholgehalt von 1,6 Promille, was nach seinen Erkenntnissen eine mittelschwere Alkoholbeeinflussung bedeutete.

Im nervenfachärztlichen Gutachten erläuterte ein Psychiater, dass es sich bei der Angeklagten um eine stimmungs- und affektlabile, triebbetonte Persönlichkeit handelt, deren Dominanzstreben und Eigenwilligkeit mit einem auf

Halt und Absicherung bedachten und bis zur Hilflosigkeit steigerungsfähigen Anlehnungsbedürfnis eigenartig kontrastiert. Im Rahmen des chronischen Partnerkonflikts mit ihrem späteren Opfer habe sich bei ihr unter dem Druck von Enttäuschungs- und Demütigungserlebnissen eine dominierende Affekteinstellung gegen den Partner entwickelt, die allmählich übermächtig wurde und schließlich situativ bedingt in der Tat mündete. Der bei der Begehung der Tat gleichzeitig vorhandene Alkoholeinfluss habe wesentlich dazu beigetragen, dass die Angeklagte bei der hohen Affektaufwallung in ihrer Steuerungsfähigkeit erheblich vermindert war. Die Einsichtsfähigkeit in das Strafbare ihres Handelns sei aber weder aufgehoben noch erheblich vermindert gewesen. Trotzdem folgerte der Gutachter, dass für die Angeklagte wegen einer tief greifenden Bewusstseinsstörung die Voraussetzung für die entsprechenden Paragrafen des Strafgesetzbuches über erheblich verminderte Schuldfähigkeit vorliegt.

Für die Zuhörer und die Leserschaft der einschlägigen Gazetten interessanter waren die Ausführungen des Sexologen, der vor Gericht in schonungsloser Offenheit das Sexualleben und die Liebesgewohnheiten der Angeklagten und ihrer jeweiligen Geschlechtspartner darlegte. Man erfuhr, dass die Schauspielerin in ihrem Leben nur einem Mann begegnet war, bei dem sie sexuelle Erfüllung gefunden hatte. Dieser Mann, der potente Bauunternehmer, habe jedoch eine andere Frau geheiratet. Der Gutachter analysierte auch die sexuellen Spiele der Angeklagten mit ihrem letzten Liebhaber und kam zu dem Schluss, dass die Liebespraktiken dieses Paares zeigen würden, dass ihr Verhältnis auf Lügen aufgebaut gewesen sei. Zu dieser Schlussfolgerung habe der Umstand beigetragen, dass die Schauspielerin ihren Geliebten beim Liebesakt niemals streicheln oder gar küssen durfte.

Der Sachverständige stellte die Angeklagte als eine Frau dar, die in die Wechseljahre kommt und ständig in der Angst lebt, unwiederbringlich ihre Weiblichkeit zu verlieren.

Ein weiterer Gutachter schilderte die Angeklagte als triebhaft und sexuell intensiv, manchmal kam es täglich zum Intimverkehr. Sie habe gefühlt, dass ihr die Männer zwar unterlegen gewesen, aber alle vor ihr geflüchtet seien. Die Verbindung zu ihrem späteren Opfer wurde als »neurotisches Arrangement« bezeichnet.

Die Plädoyers der Anklage

Der Staatsanwalt klagte die Schauspielerin des Totschlags an, weil sie vorsätzlich einen Menschen getötet hatte, ohne Mörderin zu sein. Er hielt ihr vor, dass sie keinen Anspruch auf Treue gegenüber ihrem Geliebten gehabt habe. Was sie selbst von Treue gehalten hatte, habe die Angeklagte bewiesen, als sie eines ihrer Liebesabenteuer vor Gericht so geschildert hatte: »Ich hatte eine wunderschöne Liebesnacht hinter mir, nichts Ernstes. Aber am nächsten Morgen stand plötzlich mein Mann vor der Tür. Das war natürlich ungut.«

Der Anklagevertreter sah auch im Verhalten des Geliebten im Verlauf des Abends vor der Tat keine strafmildernde Provokation. Des Liebhabers Lügenhaftigkeit und Untreue waren der Schauspielerin ja nicht neu, sondern an diesem Abend lediglich wiederholt unter Beweis gestellt worden. Ein ganzes Bündel von Motiven für die Tat zählte der Staatsanwalt auf: Demütigung, die in besonderer Erwartungshaltung entstand und das Opfer betrügerisch enttäuschte, Wut und Verzweiflung, Eifersucht und Dominanzstreben, Angst vor Besitzverlust. »Diese Frau gönnte den Mann keiner anderen Frau«, das waren die harten Worte des Anklägers zur Abrundung dieses Komplexes. Als der Staatsanwalt nach mehr als einer Stunde dramaturgisch hervorragend aufgebautem Schlussvortrags der Angeklagten erheblich verminderte Schuldfähigkeit zubilligte und zehn Jahre Freiheitsstrafe forderte, erschallte im Gerichtssaal tosender Beifall von etwa der Hälfte der Zuschauer.

Der von den Eltern des Getöteten bestellte Nebenkläger wies darauf hin, dass ein mildes Urteil in weiten Kreisen der Bevölkerung den Eindruck erwecken würde, es gäbe einen Freibrief für das Erschießen eines untreuen Geliebten. Er wollte auch der Meinung entgegentreten, die Angeklagte habe den Makler »zu Recht« erschossen. Die Schauspielerin, so argumentierte er, habe vielmehr ihren Geliebten »trotz fehlender innerer Bindung aus gekränkter Eitelkeit« getötet.

Die Verteidigung, die ihre Honorarforderungen bereits durch einen Vorvertrag über den Verkauf der Persönlichkeitsrechte der Angeklagten mit einer Zeitung abgesichert hatte, trat im Schlussvortrag gleich mit zwei Anwälten auf. Zunächst trug, für das Publikum weniger beeindruckend, juristisch dafür umso sorgfältiger, mit eindringlicher Sachlichkeit ein weniger bekannter Rechtsanwalt den Fall vor, wobei er sich fast ganz auf die »Situation der Tatnacht« beschränkte und auf einen »minder schweren Fall des Totschlags« plädierte.

Dann kam der große Auftritt eines Münchner Staranwaltes. Wie ein Hexenmeister beschwor er mit stimmgewaltiger Rhetorik das Gericht, seinen Gedankengängen zu folgen. »Die öffentliche Meinung reicht vom Schrei nach Freispruch bis zum Schrei nach lebenslänglich«, so begann er sein Plädoyer. »Nicht der Psychiater, der Psychologe hätte das Hauptgutachten erstellen müssen«, forderte er. Die Angeklagte sei in der Tatnacht explosionsartig erregt gewesen, die Tat sei als »Explosiv-Reaktion« darzulegen, wie sie im Handbuch der forensischen Psychiatrie mit folgenden Kennzeichen beschrieben ist: Der Täter sieht die Aggression nicht voraus, der Zustand danach ist wie ein Aufwachen nach einer Bewusstlosigkeit. Auch der Staranwalt plädierte schließlich auf einen »minder schweren Fall des Totschlags« mit einer Strafe von höchstens fünf Jahren. Er beantragte Haftentlassung bis zum Strafantritt, damit sich die Angeklagte um ihre minderjährigen Kinder kümmern könne.

»Angeklagte, Sie haben das letzte Wort«, mit diesem in Prozessen schon stereotypen Satz des Richters wurde die Schauspielerin aus ihrer maskenhaften Starre gerissen. Doch was kam beim Schlusswort aus ihrem Mund? Selbstmitleid, kein Wort der Reue oder Einsicht: »Ich habe das Schrecklichste getan, was ein Mensch tun kann. Das Entsetzen darüber hat mich bis heute nicht verlassen. Ich habe ihn geliebt. Ich leide. Ich muss weiterleben in dem Bewusstsein, dass er nie wiederkommt. Und ich weiß nicht, wie es weitergehen soll.« Als ihre Stimme versagte, sank sie weinend in sich zusammen. Auf den Gesichtern der Zuschauer stand unausgesprochen die Frage. »Wie echt war dieser Auftritt?«

Offensichtlich unbeeindruckt von den vielen Emotionen verkündete das Schwurgericht folgendes Urteil: »Die Angeklagte wird wegen eines Verbrechens des Totschlags unter Zubilligung verminderter Schuldfähigkeit zu sieben Jahren Freiheitsstrafe verurteilt!« Der Vorsitzende Richter sah sich veranlasst, zunächst deutlich herauszustellen, dass vom Schwurgericht Recht zu sprechen und für Theater kein Platz sei. »Sie haben es uns nicht leicht gemacht«, so der Richter an die Adresse der Öffentlichkeit.

Zum letzten Mal im Prozessgeschehen wurde auf die Persönlichkeit der Schauspielerin eingegangen. Das Gericht stellte als positive Eigenschaften heraus, dass sie eine disziplinierte Frau, kumpelhaft und zuverlässig, und eine eine sehr gute Mutter sei.

Als Eigenschaften, für die sie nichts kann, nannte der Richter ihren Komplex, zu zerstören, wonach sie sich sehnt, und dass sie sich an ihre jeweiligen Partner förmlich klammere. Doch auch übermäßiges Dominanzstreben, Eitelkeit, übersteigertes Versorgungsdenken und Egoismus bescheinigte ihr das Gericht: »Sie konnte nicht mit Anstand verlieren.«

Als der Vorsitzende Richter mit der Urteilsbegründung zu Ende war und die Verhandlung schloss, ging die 46-Jährige wie aufgezogen davon. Marionettenhaft bestieg sie den Transportwagen. Als sich das Fahrzeug in Richtung Strafanstalt in Bewegung setzte, verloschen die Blitzlichter der Reporter, die Zuschauer gingen langsam heim.

Mit der Hauptrolle in dem Film »Blumen für den Richter« war die Frau 1959 in das Rampenlicht der Öffentlichkeit getreten. Als Protagonistin im »Prozess des Jahres« hatte sie nun vor Gericht gestanden.

Kapitel 8

Die Rache des Mörders

Die Schwurgerichtskammer des Landgerichts München I hatte im Jahr 1983 den damals 43-jährigen, österreichischen Hotelkaufmann Sigmar Schmidt, alias Dr. Herzog, wegen Mordes zu zweimal lebenslanger Freiheitsstrafe verurteilt. Nach Überzeugung des Gerichts hatte Schmidt am 5. Juli 1979 die 35-jährige Münchner Sekretärin Sonnhilde Wienold erwürgt und mit einem Messer grausam verstümmelt. Nur einen Tag später hatte er die 41-jährige Münchner Unternehmerin Karin Schubert-König ebenfalls erdrosselt und in ihrem Schlafzimmer aufgebahrt. Die Mordtaten sollen »zur Befriedigung des Geschlechtstriebes« und aus »Habgier« begangen worden sein.

Die Rolle von Schmidts letzter Lebensgefährtin, der 43-jährigen Sekretärin Ingeborg Heller, bei den beiden Verbrechen hatten die Richter nicht eindeutig klären können. Die geschiedene Frau eines Stuttgarter Adligen war im ersten Prozess 1981 lediglich wegen Betrugs und Hehlerei zu einem Jahr Freiheitsstrafe auf Bewährung verurteilt worden, weil sie Euroschecks aus dem Besitz der ermordeten Wienold eingelöst hatte. Der Vorsitzende Richter prophezeite aber schon damals: »Eines Tages wird sich vielleicht mehr über die Beteiligung von Frau Heller herausstellen. Dann ist sie arm dran, wenn sie dem Angeklagten Schmidt ausgeliefert ist.«

Ein neuer Prozess in gleicher Sache

Doch im Februar 1987 stand Ingeborg Heller vor dem Schwurgericht München, angeklagt wegen Mittäterschaft an den Mordfällen Sonnhilde Wienold und Karin Schubert-König. Die Anklage war zustande gekommen, nachdem der in der Justizvollzugsanstalt Straubing einsitzende Sigmar Schmidt im April 1986 sein Schweigen gebrochen und seine damalige Lebensgefährtin erheblich belastet hatte. Ingeborg Heller hatte ihren Verlobten nach dessen Verurteilung fallen gelassen. Als Schmidt im Gefängnis gerüchtweise erfahren hatte, dass seine ehemalige Geliebte einen Ägypter heiraten und mit diesem auswandern wolle, war er durchgedreht und hatte die Frau bei Vernehmungen durch Kriminalbeamte und Staatsanwaltschaft beschuldigt, an den Lustmorden beteiligt gewesen zu sein. Der betrogene Mörder entband seinen Anwalt von der Schweigepflicht. Dieser gab daraufhin dem Staatsanwalt gegenüber zu Protokoll, dass Schmidt ihm kurz nach seiner Verhaftung am 13. Juli 1979 im Polizeipräsidium München die Taten eingestanden und erklärt habe, »das liegt an Frau Heller, die hat immer gesagt, es dürfen keine Belastungszeugen übrig bleiben. Frau Heller ist die treibende Kraft bei der Ermordung der beiden Frauen gewesen.« Sie wollten die Frauen ausrauben und sich auch sexuell »verlustieren«, habe Schmidt damals gemeint.

Ingeborg Heller schwieg beim Prozess, äußerte sich weder zur Person noch zur Sache. Sie saß während der ganzen Verhandlung aufrecht und scheinbar ungerührt auf der Anklagebank, gelegentlich lächelte sie jedoch Schmidt an oder fixierte ihn. Als das Gericht die Frage klären wollte, ob die Angeklagte mit Schmidt noch verlobt sei, ließ Frau Heller über ihren Verteidiger dem als Zeugen auftretenden Mörder im Gerichtssaal einen erneuten Verlobungsantrag zukommen.

Die Phantastereien des Kronzeugen

Mit Spannung wurde das Auftreten des als Mörder rechtskräftig verurteilten Sigmar Schmidt erwartet. Dieser enttäuschte die Zuhörer nicht und führte dem Schwurgericht eine Inszenierung vor: Mit Pfeife im Mund und großer, ockerfarbener Umhängetasche über den Schultern begrüßte der 46-Jährige den Gerichtsvorsitzenden, der ihn 1983 verurteilt hatte, mit den vertrauten Worten: »Albert, grüß Gott!«

Überraschend widerrief Schmidt seine gesamte Aussage vom Vorjahr und erklärte, die Staatsanwaltschaft habe »unter Vortäuschung falscher Tatsachen« und »unter Ausnutzung seelischen Drucks« die belastenden Aussagen von ihm »erpresst«. Dann nahm der Zeuge die Entbindung von der Schweigepflicht für seinen Anwalt zurück. Dem nun folgenden »Geständnis« des Österreichers zufolge gab es offensichtlich kein Land und keine Stadt auf der Welt, die er in seiner Tätigkeit als Schiffssteward nicht besucht hätte. Dort wollte er überall Menschen ermordet, ganze Reisegruppen vernichtet. Brücken gesprengt und reihenweise Polizisten erschossen haben.

In seiner über dreistündigen Aussage erzählte Sigmar Schmidt von Aufträgen einer »dritten Macht mit Interesse für die Bundesrepublik oder den Westen«. Auf eigene Rechnung habe er auch eine Reihe von Juwelierläden überfallen und die Besitzer getötet und zwischendurch an Empfängen des ehemaligen, amerikanischen Präsidenten Jimmy Carter und der indischen Regierungschefin Indira Ghandi teilgenommen, wobei ihn Frau Heller bei all diesen Aktivitäten begleitet habe. »Ich hoffe, sie verlieren nicht allmählich den Überblick, wie viele sie insgesamt umgebracht haben«, meinte der Gerichtsvorsitzende am Ende des ersten Verhandlungstages sarkastisch.

Für das Gericht war eindeutig erkennbar, worauf Schmidt hinauswollte, und auch dem unbefangensten Zuhörer musste klarwerden, dass er lediglich so viel Unsinn daherredete, damit auch seine belastenden Aussagen gegen die ehemalige Geliebte und nunmehr Angeklagte als fragwürdig bewertet werden sollten. Am zweiten Verhandlungstag erklärte der Vorsitzende kategorisch, er sei nicht länger bereit, die »Lügenmärchen in einer Märchenstunde« des Zeugen anzuhören und machte somit Schmidts Strategie zunichte. Schmidt begann zu feilschen: »Ich habe unisono meine Aussagen gegen Frau Heller widerrufen. Die können Sie nicht verwerten, dafür haben wir eine Strafprozessordnung. Ich möchte meine komplette Aussage hier vor dem Gericht so machen, wie ich es persönlich für richtig halte und nicht, wie Sie sich das vorstellen.«

Erneut vom Vorsitzenden Richter befragt, ob er jetzt zu den beiden Mordfällen aussagen wolle, meinte Schmidt: »Selbstverständlich, auch zum Fall Kapfhammer, Hannelore Braun und Karin Würz« – alles Mordfälle, derer sich Schmidt seit dem vergangenen Jahr zusätzlich bezichtigte. »Allerdings«, so der Zeuge, »wolle er da fortfahren, wo er am ersten Verhandlungstag aufgehört habe, nämlich in Arabien.« Darauf ließ sich der Richter jedoch nicht ein, er schloss Schmidt von der weiteren Verhandlung aus. »Na gut, fahren wir wieder nach Straubing – aus«, sagte der Zeuge resigniert und ließ sich widerstandslos abführen. Die Angeklagte Heller, die zu Beginn des Prozesses steif und teilnahmslos gewirkt hatte, zeigte sich nach der Aussage ihres ehemaligen Geliebten deutlich entspannter, zuweilen scherzte sie sogar mit ihrem Anwalt.

Schwierige Sachaufklärung

Über mehrere Tage hinweg versuchte die Schwurgerichtskammer die Rolle der Angeklagten Ingeborg Heller bei den beiden Mordfällen zu klären. Zeugenaussagen zufolge waren in der Nacht des Verbrechens im Haus der ermordeten Karin Schubert-König zwei Frauenstimmen gehört worden. Bei der Angeklagten hatte man nach ihrer Festnahme kurz nach der Tat unter anderem ein Döschen mit Nähzeug sichergestellt, das aus dem Besitz der getöteten Millionärin stammte. Neben den ermittelnden Beamten der Mordkommission München wurde auch der Staatsanwalt vernommen, der am 30. April 1986 den von der Schweigepflicht entbundenen Anwalt Schmidts vernommen hatte.

Am achten Verhandlungstag kam Sigmar Schmidt doch noch einmal zu Wort, nun bequemte sich der fragwürdige Zeuge zu konkreten Aussagen. Den Tod von Sonnhilde Wienold bezeichnete er als »Betriebsunfall« bei gemeinsamen sexuellen Spielen. Die Verstümmelungen, unter anderem Messerstiche in den Augen, habe man nach dem Tod am Opfer in der Annahme, dass das Bild des Mörders sich auf der Netzhaut der Augen einprägen würde und später sichtbar gemacht werden könnte, vorgenommen. Bei der Unternehmerin Karin Schubert-König habe »die ganze Angelegenheit« auf dem Bett der Millionärin »leider Gottes einen tödlichen Ausgang« gehabt. Ob dabei seine Hand am Hals des Opfers ausschlaggebend war oder das Kissen, das Frau Heller auf den Mund der Frau gedrückt habe, könne er nicht sagen. »Ich will ihr nichts unterschieben«, sagte Schmidt.

Der Zeuge, der entgegen seiner ersten Auftritte vor dem Schwurgericht ruhig wirkte, schilderte dann den Ablauf des Geschehens. Frau Karin Schubert-König habe auf die von den beiden aufgegebene Kontaktanzeige geantwortet. Am 6. Juli 1979, einen Tag nach dem gewaltsamen Tod von Sonnhilde Wienold und am 39. Geburtstag von Frau Heller, hatte sich das Paar am späten Abend in der Wohnung der Münchner Unternehmerin eingefunden. Durch den in Strömen fließenden Alkohol habe sich das Dreiergespräch zunehmend gelockert, nach sexuellen Spielen sei »Frau Schubert plötzlich zusammengesackt und habe sich nicht mehr gerührt«, schilderte der Zeuge. »Dass das Ganze nachher so ausgeht, konnten wir nicht wissen.« Völlig »aus dem Häusl« seien er und Frau Heller gewesen, »nichts wie raus und weg«, hatte er gedacht. Die Angeklagte, »sie tut gern kruschen«, habe jedoch noch in der Wohnung »rumgestöbert«. Zu Hause sei man sich »in die Wolle« geraten: »Das geht doch nicht, das ist ja Wahnsinn, innerhalb von zwei Tagen zwei Morde«, schilderte Schmidt seine damaligen Gedanken.

Das Urteil

Am 11. März 1987 zog die Schwurgerichtskammer des Landgerichts München I den vorläufigen Schlussstrich unter das in weiten Teilen mit ekelhaften Details gespickte Verfahren. Das Gericht verurteilte Ingeborg Heller wegen Beihilfe zum Mord an der Unternehmerin Karin Schubert-König zu acht Jahren Freiheitsentzug und sprach sie im zweiten ihr zur Last gelegten Kapitalverbrechen, dem Mord an der wohlhabenden Sekretärin Sonnhilde Wienold wegen Mangels an Beweisen frei.

Der Anklagevertreter hatte in seinem Plädoyer lebenslange Haft für die 46-Jährige gefordert, die seiner Auffassung nach mit ihrem Geliebten Schmidt die zwei Münchner Frauen ermordet hat, um einen gemeinsamen »Super-Orgasmus« zu erleben. Der Verteidiger dagegen hatte sich für einen Freispruch seiner Mandantin eingesetzt.

In der Urteilsbegründung betonte der Vorsitzende Richter ausdrücklich, dass das Gericht bei der Urteilsfindung den von Schmidt gemachten Aussagen keine Bedeutung beigemessen habe, weil er einem psychiatrischen Gutachten zufolge ein »schwerer Psychopath und eine haltlose Persönlichkeit mit narzisstischen Einschlägen sei«. Darin wurzelten sowohl zahlreiche Fortsetzungshandlungen als auch das Bestreben, dem Gericht Lügengeschichten von Hunderten von Morden zu erzählen. Allerdings sei das Geständnis, das Schmidt kurz nach seiner Verhaftung 1979 abgelegt habe, mit in die Wahrheitsfindung eingeflossen.

Für das Gericht stehe nun fest, dass Ingeborg Heller der Ermordung von Karin Schubert-König beigewohnt und Schmidt zu der Tat ermuntert, wenn nicht sogar gedrängt hat, erklärte der Richter. Das Urteil basiere auf einer Indizienkette, denn die Angeklagte habe sich nie zu ihrer Rolle bei dem Mord geäußert.

Ingeborg Heller legte keine Revision gegen das Urteil ein, die Verurteilung war damit rechtskräftig. Ihr ehemaliger Geliebter Sigmar Schmidt verschwand endgültig in seiner Zelle in der Straubinger Justizvollzugsanstalt und konnte seinem Geltungsdrang über Jahre hinweg allenfalls gegenüber Mithäftlingen durch das Erfinden weiterer Märchen frönen.

Der Skizzierung der seelischen Belastung der Frau Ingeborg Heller durch den Vorsitzenden Richter am Ende des Prozesses war nichts hinzuzufügen: »Seit dem grausamen Mord an Karin Schubert-König sind mittlerweile fast acht Jahre vergangen. Was mag in einem Menschen vorgehen, der in dieser Zeit vom Mörder geschützt wurde, der über Jahre befürchten musste, dass ihn Schmidt der Tat bezichtigt, der in dieser Zeit in ständiger Angst vor der Entdeckung leben musste?« Möglicherweise hat Ingeborg Heller allein deshalb das Urteil widerspruchslos hingenommen.

Kapitel 9

Todesschüsse im Gerichtssaal – Chronologie einer Hinrichtung

Am Montag, dem 5. Mai 1980, wurde in Lübeck die siebenjährige Clara Winkelmann ermordet. Zehn Monate später stand der mutmaßliche Täter Günther Krämer vor seinen Richtern. Die Anklage warf ihm vor, das Mädchen nach sexuellem Missbrauch mit einer Strumpfhose erwürgt und die Leiche in einem Karton am Stadtrand von Lübeck verscharrt zu haben. Am dritten Tag des Strafprozesses kam es im Schwurgerichtssaal zu Lübeck zu einer schrecklichen Bluttat. Die Mutter des ermordeten Kindes, die 30 Jahre alte Kneipenwirtin Mareike Winkelmann, schoss aus drei Metern Entfernung mit einer Pistole auf den Angeklagten und tötete ihn. Die Frau wurde noch im Gerichtssaal festgenommen und kam in Untersuchungshaft.

Die in der Kriminalgeschichte einmalige Selbstjustiz im Gerichtssaal erregte wie kein anderer Fall das öffentliche Aufsehen. Vielstimmig war der Chor derer, die Verständnis für die Angeklagte äußerten. Als auch noch bekannt wurde, dass der Erschossene wegen sexuellen Missbrauchs von Kindern schon mehrfach vorbestraft war, sich kastrieren ließ und mit Zustimmung der Justiz in einer ungewöhnlichen Hormonbehandlung seine sexuelle Triebkraft wieder erlangt hatte, kochte die Volksseele angeheizt von den Medien endgültig über. Rufe nach der Todesstrafe für Kinderschänder ertönten, die Staatsanwaltschaft erhielt Schmähbriefe. Mit Telegrammen, Anrufen und Briefen bekundeten Menschen aus dem ganzen Bundesgebiet Verständnis für die Tat der Mutter. An der Pforte des Gefängnisses, in das die Todesschützin eingeliefert worden war, wurden Blumensträuße für die Frau abgegeben.

Freunde und Bekannte gründeten einen Verein zur Unterstützung der Festgenommenen. Sie sammelten alle Zuschriften, verkauften Privatfotos an Zeitschriften und verwalteten die zahlreich eingehenden Spenden. Ein 58-jähriger, als Pförtner in einer Justizvollzugsanstalt tätiger Berliner spendete allein 10 000 Mark. Ein Staranwalt aus München reiste nach Lübeck und bot sich als Verteidiger an. Er kam zu spät, ein Anwaltsteam bestehend aus einer Juristin und zwei männlichen Berufskollegen vertrat bereits die Täterin.

Eine Hamburger Illustrierte bekam dank erheblicher Geldzahlungen die Exklusivrechte an der Lebensgeschichte der attraktiven Mareike Winkelmann und vermarktete den Fall. Ein Reporter durfte mit Zustimmung des Ermittlungsrichters die Frau tagelang im Gefängnis ausfragen und die Gespräche mit der Täterin auf Tonband protokollieren. Auch die Boulevardblätter beschäftigten sich ausgiebig mit dem Fall, vieles wurde erdichtet, verdreht und wieder ins richtige Licht gesetzt. Das bewegte Leben der Mutter, die ihr Kind rächte und »für diese Tat einen Orden verdient hätte«, bekam eine wissbegierige Leserschaft jeden Morgen auf dem Tablett zum Frühstück serviert.

Das Fernsehen beschäftigte sich im Abendprogramm mit dem Ereignis und ließ Bürger zu Wort kommen. »Recht hat sie, weg mit dem Kinderkiller«, »die Justiz ist schuld, sie ist mit dem Verbrecher zu milde umgegangen und hat ihn leichtfertig wieder auf die Menschheit losgelassen«, »solchen Bestien gehört die Rübe runter«, »der Mann hätte ja doch wieder eine kleine Strafe bekommen und wäre als Staatspensionär behandelt worden, wenn ihn die Mutter nicht erledigt hätte« und »Scheißjustiz« waren noch die mildesten Äußerungen, die per Television einem Millionenpublikum präsentiert wurden.

Nur wenige mahnende Stimmen erhoben sich und übten Kritik an der öffentlichen Darlegung aller Fakten und Umstände der Tat vor dem zu erwartenden Prozess: Wie sollte das Gericht auf Aussagen der Angeklagten zu Person und Sache reagieren, wenn diese doch längst veröffentlicht waren?

Ein Kind wird vermisst

In der Altstadt von Lübeck betrieben die 30 Jahre alte Mareike Winkelmann und ihr Lebensgefährte Thomas Ludwig die Kneipe »Tipasa«. Die beiden verstanden das Geschäft, hatten sie doch vorher über Jahre hinweg das Lokal »Maleda« in Kiel geführt. Das »Tipasa« galt als Treffpunkt der Lübecker Alternativen, der politischen Linken, entsprechend gaben sich auch die Wirtsleute.

Clara, die siebenjährige, gemeinsame Tochter, lebte bei den unverheirateten Eltern und wurde antiautoritär erzogen. Das Kind hielt sich im Lokal unter den Gästen inmitten von Gläserklappern, Gelächter, Geschäker und Boxengedröhn auf. Die Eltern hatten nur wenig Zeit für das Mädchen, der Betrieb der Altstadtkneipe ging vor. Der Vater war oft unterwegs, und für Mareike Winkelmann stellte der Platz hinterm Tresen ohnehin den Lebensmittelpunkt dar. Die attraktive Wirtin genoss diese Position in der quirligen Scheinwelt der Nacht. Das Kind störte da meist, morgens musste es zur Schule, zu einer Zeit in der die nachts arbeitende Mutter im tiefen Schlaf lag. Tagsüber war es viel allein und sich selbst überlassen. Ein mit den Wirtsleuten befreundetes Arztehepaar erklärte sich schließlich bereit, die kleine Clara in Pflege zu nehmen.

Am Sonntag, dem 4. Mai 1980, ging es in der Kneipe »Tipasa« wieder einmal hoch her, daher verschlief Frau Winkelmann am darauf folgenden Morgen, so dass ihre Tochter Clara die Schule versäumte. Als Mareike Winkelmann mit dem Aufräumen der Kneipe begann, durfte das Kind in die Altstadt zum Spielen gehen, zumal auch der Vater Thomas Ludwig beschäftigt war. Er fuhr mit dem Auto zum Einkaufen nach Kiel. Die engagierte Mutter hatte an diesem Tag ebenfalls allerhand zu tun, mittags war sie bei den Lübecker Nachrichten zu einem Fototermin verabredet, gemeinsam mit ihrem exotisch bemalten VW-Bus sollte sie abgelichtet werden. Nachmittags war das Treffen mit den Eheleuten Leonhardt vereinbart, dem Arztehepaar, das der kleinen Clara ein richtiges Zuhause geben wollte. Einzelheiten mussten besprochen werden, da das Kind gleich am nächsten Tag aus der Kneipe ausziehen sollte.

So fiel erst am frühen Abend dieses Montags auf, dass Clara nicht nach Hause gekommen war. Mareike Winkelmann sorgte sich aber nicht, da das Kind sich schon öfter lange bei Freundinnen aufgehalten hatte. Als es später wurde, und die Siebenjährige immer noch nicht eintraf, vermutete die Mutter, sie sei vielleicht mit dem Vater zum Einkaufen auf den Großmarkt gefahren, doch Thomas Ludwig kam gegen 21 Uhr ohne Clara zurück. Jetzt wurde beiden Elternteilen bewusst, dass mit dem Kind etwas geschehen sein musste. Sie suchten es auf dem Rummelplatz, und gemeinsame Freunde riefen alle Krankenhäuser und die nächste Polizeistation an, aber das Kind war nicht aufzufinden.

Am späten Abend gingen Mareike Winkelmann und ihr Lebensgefährte Thomas Ludwig zur Kriminalpolizei und gaben eine Vermisstenanzeige auf. Die Beamten reagierten schnell und suchten noch in der selben Nacht nach Clara. Das Haus, in dem sich das Lokal »Tipasa« und die Wohnung des vermissten Mädchens befanden, wurde bis auf den letzten Winkel abgesucht, der nahe liegende Kanal abgeleuchtet, Krankenhäuser und Rettungseinrichtungen wurden befragt, aber Clara blieb verschwunden. In dieser angespannten Nacht drehte Mareike Winkelmann fast durch. Die Kneipenwirtin trank zu viel, warf Gläser gegen die Wand ihres Lokals, schrie und ging schließlich mit einem mittleren Rausch ins Bett.

Am nächsten Morgen gegen 11 Uhr rief Thomas Ludwig wieder bei der Kriminalpolizei an. Er bekam die schreckliche Auskunft, dass die Polizei Clara erwürgt und verscharrt gefunden hatte.

Der gewaltsame Tod der kleinen Clara

Clara schwänzte an diesem Montag die Schule, gegen Mittag geriet das unbeaufsichtigte Kind in die nur wenige 100 Meter von der Kneipe entfernt gelegene Wohnung des 35 Jahre alten Schlachters Günther Krämer. Auf welche Weise dies geschah, konnte nicht mehr rekonstruiert werden. Später wird Krämer zu Protokoll geben, dass das Kind von sich aus zu ihm in die Wohnung gekommen sei, um mit seinen Katzen zu spielen. Kannten sich die beiden etwa schon länger? War Günther Krämer möglicherweise gar Kunde in der Altstadtkneipe und somit überhaupt kein Fremder, als er das unschuldige Mädchen in seine Wohnung lockte? Diese Fragen konnten auch im späteren Prozessgeschehen nicht beantwortet werden.

Clara habe ihn um Geld gebeten, wird Günther Krämer später der Polizei erzählen, und als er ihr keines gab, habe das Mädchen gedroht, zu Hause zu erzählen, dass er es gestreichelt habe. Der schon wiederholt wegen sexuellen Missbrauchs von Kindern vorbestrafte und wegen seines abartigen Triebes kastrierte Mann geriet jedenfalls in Panik, da er damit rechnen musste, wieder zur Verantwortung gezogen zu werden. Er packte das Kind, würgte es mit einer Strumpfhose und erdrosselte das kleine Wesen. Die Leiche legte er in einen Karton und fuhr damit zum Stadtrand von

Lübeck, um sie zu verscharren. Nach der Vermisstenmeldung kamen die Kriminalbeamten bald auf die Spur des Kinderschänders Günther Krämer, da der Mann in den Akten entsprechend registriert war.

Die Mutter des Mordopfers und ihr Freundeskreis inszenierten eine ungewöhnliche Beerdigung. Mareike Winkelmann kaufte ein buntes Kleid, Glitzerstreifen und leuchtende Ringe. Der Leichnam des Kindes wurde damit angezogen und behängt. Am Grab brannten Räucherstäbchen, Soulmusik erklang aus einem Kassettenrecorder, ein richtiges Hippie-Begräbnis. Als der Pfarrer sprechen wollte, wurde er unterbrochen.

Der Tatverdächtige

Die Öffentlichkeit erfuhr bald, dass der mutmaßliche Mörder der kleinen Clara in der Vergangenheit bereits Kinder missbraucht hatte. Im Leben des Tatverdächtigen deckte man nun eine Reihe von Merkwürdigkeiten, Ungereimtheiten, Nachlässigkeiten und Fehlentscheidungen auf. Der Schlachter Günther Krämer war geschieden, die zwei aus der Ehe hervorgegangenen Kinder lebten bei der Mutter. Gutachter hatten ihm eine gespaltene Persönlichkeit attestiert, auf der einen Seite war er sensibel, schuldbewusst und unglücklich, auf der anderen Seite von Unruhe getrieben und von einem verhängnisvollen Trieb beeinflusst. Er suchte die Beziehung zu einer Frau, fühlte sich aber gleichzeitig zu kleinen Mädchen hingezogen. So kam der Schlachter wiederholt mit dem

Gesetz in Konflikt, die Liste der Vorstrafen war lang. Am Ende standen zwei Verurteilungen wegen sexuellen Missbrauchs von Kindern, zuletzt wurde Günther Krämer am 4. September 1975 in das psychiatrische Landeskrankenhaus in Neustadt/Holstein eingewiesen. In einem Gutachten wurde ausgeführt: »Krämer hat einen abnormen sexuellen Trieb mit Suchtcharakter und damit Krankheitswert.« Um der geschlossenen Anstalt entrinnen zu können, ließ sich Krämer 1976 freiwillig kastrieren. Nachdem er im Mai 1977 tatsächlich entlassen wurde, kehrte er nach Lübeck zurück und fand in der Altstadt, nur 200 Meter vom Lokal »Tipasa« entfernt, eine Wohnung.

Nach kurzer Zeit verlobte sich der Mann, und es schien, als ob einem geordneten und straffreien Leben nichts mehr im Weg stehen würde, aber seit der Kastration litt Krämer unter Schlaflosigkeit, Gelenkschmerzen und Schweißausbrüchen. 1978 suchte er deshalb einen Urologen auf und erzählte dem Arzt, dass er wegen Exhibitionismus kastriert worden sei und deswegen unter physischen und psychischen Störungen leide. Der Urologe telefonierte mit der Richterin, der nach der Entlassung aus der Anstalt die Führungsaufsicht über Günther Krämer übertragen wurde. Der Arzt unterrichtete die Richterin davon, dass schwere gesundheitliche Schäden bei seinem Patienten zu befürchten seien, wenn er keine Hormonbehandlung bekomme. Die Richterin hatte gegen die vorgeschlagene Therapie nichts einzuwenden, so dass Günther Krämer zwei Jahre lang männliche Sexualhormone gespritzt bekam, und sein Sexualtrieb wieder aktiviert wurde.

Bald gab es mit der sozialen Eingliederung des Mannes Schwierigkeiten. Günther Krämer fand keinen passenden Arbeitsplatz, das Verhältnis zu seiner Verlobten zerbrach, er griff zum Alkohol. An jenem verhängnisvollen Maimontag 1980 brach bei Krämer wieder sein abnormer Sexualtrieb durch. Als das Nachbarkind Clara bei ihm in der Wohnung mit den Katzen spielte, machte er sich an das Mädchen heran und streichelte es. Das Kind drohte, die »Sache« zu Hause zu erzählen. Da drehte er durch, in der panischen Angst wieder festgenommen und in der geschlossenen Anstalt untergebracht zu werden, packte er das Kind und erdrosselte es schließlich. Nach der Festnahme wurde Günther Krämer untersucht, seine Hormonwerte entsprachen denen eines normalen Mannes, was im Klartext die Aufhebung der Kastration bedeutete. Fachleute verurteilten die Hormonbehandlung des Kastrierten auf das Schärfste. Sie behaupteten, dass es für solche Fälle andere, weit weniger gefährliche Behandlungsmethoden gäbe.

Schüsse im Gerichtssaal

Die Staatsanwaltschaft beim Landgericht Lübeck klagte Günther Krämer wegen Mordes an. Am Dienstag, dem 3. März 1981, begann der Prozess, Sachverständige waren geladen, Mareike Winkelmann fungierte als Nebenklägerin.

Der dritte Verhandlungstag begann. Gegen 10 Uhr nahmen die Zuschauer im Saal Platz, unter ihnen auch eine Schulklasse 14-jähriger Mädchen und Jungen, die im staatsbürgerlichen Teil ihrer Ausbildung Anschauungsunterricht über einen Mordprozess bekommen sollte. Anwälte, Sachverständige, Pressereporter und Justizbeamte standen teils im Flur, teils im Gerichtssaal herum, die Richtertribüne war noch leer. Nachdem Günther Krämer hereingeführt wurde, setzte er sich mit dem Rücken zum Publikum, stützte seinen Kopf in die Hände und wandte sein Gesicht ab, als plötzlich eine Frau, modisch leger mit einem Overall bekleidet, äußerlich ruhig und gelassen, mitten im Gerichtssaal stand. Langsam und ungehindert ging sie auf den Angeklagten zu und hob den rechten Arm, in der Hand hielt sie eine Pistole. Die Frau zielte sicher und drückte ab, einmal, zweimal und immer wieder, bis das Magazin leer war, insgesamt achtmal. Die Menschen im Saal erstarrten vor Schreck. Der Mann auf der Anklagebank sank mehrfach getroffen zu Boden. Theatralisch ließ die immer noch völlig frei Stehende die Waffe zu Boden fallen. Der Gerichtssaal entwickelte sich nun zum Hexenkessel, gellende Schreie zerrissen die Stille, Zuschauer drängten nach vorn, Justizbeamte eilten herbei. Gleichmütig ließ sich die Todesschützin abführen, keine Erregung, kein Gefühl der Erleichterung oder Erlösung war ihr anzusehen. Ruhig und beherrscht, als käme sie vom Einkaufen, ging die Frau zwischen den Justizbeamten aus dem Saal. Es war die Kneipenwirtin Mareike Winkelmann, die gerade den Mörder ihrer Tochter Clara im Gerichtssaal erschossen hatte.

Das herkömmliche Bild einer trauernden Mutter gab sie nicht ab. Im Beraterzimmer neben dem Schwurgerichtssaal traf der Richter, der den Mordprozess gegen Günther Krämer führte, mit der Festgenommenen zusammen. »Wer hat denn da geschossen?« Die Frau entgegnete ruhig und beherrscht: »Ich.« »Warum denn um Gottes Willen?«, fragte der Richter. »Weil er meine Tochter umgebracht hat.« »Wohin haben Sie geschossen?« Mareike Winkelmann gab an: »Ich wollte ihm ins Gesicht schießen, aber ich habe ihn nur in den Rücken getroffen.« Nach einer Weile fügte sie hinzu: »Ich habe das Schwein leider nur von hinten erwischt. Dieses Schwein hätte sich wirklich umdrehen können. Hoffentlich ist er tot!«

Der Schwurgerichtssaal war zum Tatort geworden. Die Zuschauer wurden hinausgedrängt und im Gang befragt. Die Spurensicherung des Erkennungsdienstes nahm sofort die Arbeit auf, der Gerichtsmediziner konnte nur noch den gewaltsamen Tod des Angeklagten Günther Krämer feststellen. Sechs Kugeln hatten den Rücken des Mannes in der Herzgegend durchschlagen, eine siebte verursachte einen Armstreifschuss. Der achte und letzte Schuss war in die Decke des Saales gegangen.

Auf dem Gerichtsflur begegnete der Staatsanwalt dem Gastwirt Ludwig, der über das ganze Gesicht strahlte. Später fuhr Ludwig mit drei Beschäftigten seines Lokals im Taxi vom Gerichtsgebäude weg, ließ das Fahrzeug kurz vor seiner Kneipe anhalten und holte zwei Flaschen Sekt. Während der Fahrt schlug sich der Wirt fortwährend mit den Händen auf die Oberschenkel und rief begeistert immer wieder: »Sie hat es getan! Sie hat es wirklich getan!«

Mareike Winkelmann wurde unmittelbar nach der Tat von dem Gerichtsmediziner auf ihre Haftfähigkeit untersucht. Der Arzt stellte fest, dass die Frau nicht sonderlich erregt war und bei ihr keine Selbsttötungsgefahr bestand. Da die Frau aber äußerte, dass sie Angst habe, die Nacht in Polizeigewahrsam zu verbringen, besorgte der fürsorgliche Mann ein Bett in der geschlossenen Abteilung der Psychiatrie der Medizinischen Hochschule. Dort wurde Mareike Winkelmann auf Veranlassung der Kriminalbeamten von einem Internisten noch einmal untersucht. Der Arzt konstatierte, dass die Frau ruhig, eher zurückhaltend und ein wenig deprimiert war. Als Schriftprobe wählte sie den Satz: »Ich habe es für dich getan, Clara.« Daneben zeichnete sie sieben Herzen. Der Mediziner fragte: »Haben Sie etwas getrunken?« Sie antwortete entrüstet: »Nein, dann hätte ich ja nicht getroffen.«

Bereits acht Stunden nach den Schüssen im Gerichtssaal begann die Vermarktung der Geschichte. In der Kneipe »Tipasa« trafen sich Thomas Ludwig und die Freunde des Hauses, unter ihnen auch das Arztehepaar Leonhardt. Man beschloss, dass niemand Fotos von Mareike Winkelmann und Clara herausgeben durfte, sondern der Verkauf ausschließlich über Herrn Leonhardt gehen sollte.

Gegen Mareike Winkelmann wurde Haftbefehl wegen Mordes erlassen, die Frau in die Justizvollzugsanstalt eingeliefert. Sofort begann die emotionsgeladene öffentliche Diskussion um die Rache der Mutter. Auch die Justizbehörden waren sich uneins. Auf Antrag der Verteidigung verfügte das Amtsgericht Lübeck am 7. August 1981 über Mareike Winkelmann Haftverschonung. Die Staatsanwaltschaft legte sofort dagegen Beschwerde ein. Zehn Tage später setzte die sechste große Strafkammer des Landgerichts Lübeck den haftverschonenden Beschluss des Amtsgerichts aus, Frau Winkelmann wurde erneut in Untersuchungshaft genommen. Am 27. Januar 1982 erhob die Staatsanwaltschaft nach Abschluss der Ermittlungen gegen die Kneipenwirtin Mareike Winkelmann beim Landgericht Mordanklage. Der Prozessbeginn wurde für August 1982 terminiert, da zu diesem Zeitpunkt aber noch ein psychiatrisches Gutachten über die Angeklagte ausstand, verschob sich der Prozessauftakt.

Am 10. August 1982 hob die Schwurgerichtskammer des Landgerichts Lübeck den Haftbefehl gegen Mareike Winkelmann auf. Die Todesschützin wurde aus der Haft entlassen und befand sich bis zu Beginn des Prozesses auf freiem Fuß.

Während ihrer Haftzeit unternahm Mareike Winkelmann fünf Selbstmordversuche. Der Anstaltsleiter meinte allerdings, einige davon seien nicht wirklich ernst zu nehmen. Zweimal versuchte sich die Frau mit ausgerissenen Streifen eines Nachthemdes zu erhängen, einmal zündete sie ihre Matratze an, einmal schluckte sie Bohnermilch und einmal Glassplitter. Insgesamt betrachtet handelte es sich in allen Fällen um untaugliche Mittel zur Selbsttötung.

Ein Reporter traf Mareike Winkelmann kurz nach der Haftentlassung im vornehmen Lübecker Restaurant »Schabbelhaus«. Es war einer ihrer ersten Abende in Freiheit, und sie begann völlig überdreht, über die Tat zu reden, und welche Lust es ihr bereitet hatte, »das fette Schwein Krämer abzuknallen«. Als der Reporter sie darauf hinwies, dass sie immerhin einen Menschen getötet habe, schüttete sie dem Mann ihr Glas Rotwein ins Gesicht und rannte aus dem Lokal.

Dem gerichtlich bestellten Gutachter verweigerte Frau Winkelmann jede Zusammenarbeit, auch gegenüber der Staatsanwaltschaft war sie zu keinerlei Aussagen bereit. Dafür aber breitete sie ihr ganzes Leben vorbehaltlos dem Reporter einer großen Hamburger Illustrierten aus.

Racheengel oder sündige Frau?

Mareike Winkelmann beschäftigte die Öffentlichkeit: Wer war die Frau, die sich angemaßt hatte, über Leben und Tod zu entscheiden? Der Freundeskreis der Kneipenwirtin und das Verteidigertrio bemühten sich mit Hilfe der Medien, dem wissbegierigen Publikum und den mit dem Fall befassten Justizstellen eine Frau zu präsentieren, die lediglich »ihr Elementarrecht auf Sühne« für sich in Anspruch genommen hatte, die also gar nicht anders konnte, als ihr »über alles geliebtes Kind« zu rächen.

Der Lebenslauf der Todesschützin wurde mit ihrer Hilfe detailliert und keine Intimität auslassend, wohl aber auch reichlich geschönt, zur Schau gestellt. Noch nie zuvor war in der Kriminalgeschichte Deutschlands das Leben einer Angeklagten schon vor dem Prozess der Öffentlichkeit so ausführlich präsentiert worden. Bei der Darstellung wurde sehr viel Wert auf Umstände und Sachverhalte gelegt, die sich für eine spätere Beurteilung der Persönlichkeit der Frau günstig auswirken konnten. Triste Kindheit, freudlose Jugend, missverstandene Bemühungen um Selbstverwirklichung, frühe Opferstellungen, enttäuschte Partnerbeziehungen wirkten bei deutschen Gerichten immer als Strafmilderungsgründe. Ob all die Fährnisse der Mareike Winkelmann beweisbar oder nachprüfbar waren, wer fragte schon danach? Das Bemühen, eine unbescholtene Frau, eine treusorgende und ob des Todes ihres Kindes verzweifelte Mutter vorzustellen, gelang jedoch nicht ganz. Zu viele Negativstationen markierten den Weg der zur Täterin gewordenen Mutter.

Mareike Winkelmann wurde am 8. Juli 1950 in einem Dorf im Kreis Hildesheim geboren. Ihre Eltern waren Flüchtlinge aus Ostpreußen, der Vater wurde als Wehrmachtsoffizier im Zweiten Weltkrieg schwer verwundet. Die Ehe der Eltern ging wegen der Trunksucht des Mannes auseinander, als Mareike noch ein kleines Kind war. Die Mutter heiratete später wieder, und Mareike bekam einen Ringer und Lastwagenfahrer als Stiefvater. Die Familie zog in eine Baracke, in der das kleine Mädchen eine freudlose Kindheit verbrachte. Der Stiefvater fand immer einen Grund, das Kind seines Vorgängers zu misshandeln.

Als Mareike acht Jahre alt war, verging sich ein Mann sexuell an ihr. Dieses Verbrechen wurde stillschweigend mit Geld aus der Welt geschafft. Mit 16 Jahren bekam Mareike Winkelmann ihr erstes Kind Katharina, dessen Vater ein Junge aus der Nachbarschaft war. Nur kurze Zeit betreuten Mareike, ihre Mutter und die Großmutter den Säugling, bis er in Pflege gegeben wurde. Die junge Mutter wollte Arzthelferin werden, doch das Jugendamt lehnte ihren Wunsch ab. So trat sie halbherzig eine Lehre als Verkäuferin an, brach diese aber bald wieder ab. Eine Zeit ziellosen Herumtreibens begann, die Jugendliche amüsierte sich in

Nachtlokalen, arbeitete als Animiermädchen, konsumierte viel Alkohol und rauchte auch ab und an einen Joint. 17-jährig lernte sie den zwei Jahre älteren Buchdrucker Gustav Roth kennen. Kurz darauf war Mareike Winkelmann erneut schwanger. Im vierten Monat wurde die werdende Mutter Opfer einer Vergewaltigung, der Täter konnte gestellt werden und bekam eine Freiheitsstrafe von einem Jahr und zehn Monaten.

Nur wenige Wochen vor der Geburt des zweiten Kindes veranlasste das Jugendamt die Einweisung der immer noch Minderjährigen in eine geschlossene Erziehungsanstalt. Mareike Winkelmann hielt es dort nicht lange aus und flüchtete, doch die Polizei griff sie schnell auf und brachte sie zurück.

Mareike unternahm einen Selbsttötungsversuch und wurde ins Krankenhaus eingeliefert, flüchtete aber mit Hilfe ihres Freundes Gustav erneut und fand schließlich Unterschlupf bei den Eltern ihres Freundes. Am 13. Januar 1969 kam Mareike Winkelmanns zweites Kind zur Welt, die kleine Miriam nahmen die Eltern des Kindsvaters in Pflege. Mareike verzichtete auf ihr Pflegerecht und zog zu ihrer Mutter zurück, nachdem der verhasste Stiefvater gestorben war. Ein Jahr lang lebte die zweifache und trotzdem allein stehende Mutter Mareike Winkelmann mit ihrer Mutter zusammen. Beide Frauen gingen sogar gemeinsam tanzen. Die lebenslustige Mareike unternahm aber auch allein Tanzausflüge nach Hannover und wurde dabei erneut zweimal vergewaltigt.

Später heiratete sie aus Gefälligkeit und wohl auch des

Geldes wegen einen Pakistani, um diesem zu einer Aufenthaltsgenehmigung in Deutschland zu verhelfen. Bald darauf ließ sie sich scheiden und nahm wieder ihren Geburtsnamen an. Ihr drittes Kind Clara empfing sie von Thomas Ludwig, einem Mann, den sie zwar nicht heiraten wollte, mit dem sie aber jahrelang zusammenlebte. Dem Reporter, der im Gefängnis ihre Lebensgeschichte aufnehmen durfte, erzählte sie, dass sie im Februar 1972 nach einer Party auf dem Hirtenteppich im Wohnzimmer des Gastgebers den damals wildfremden Mann geliebt hatte. Die Folge dieser Nacht war Clara gewesen. Mareike Winkelmann legte zwischenmenschliche Beziehungen höchst eigenwillig aus. Sie lebte in Intervallen einmal »Rock und Suff«, dann wieder Blumenkind, Ekstasen wechselten mit Depressionen, mal zog sie aufs Land, dann wieder in die Stadt.

Schließlich wurde sie Kneipenwirtin, erst im »Maleda« in Kiel, dann im »Tipasa« in Lübeck, wobei Thomas Ludwig als ihr Geschäftspartner fungierte. Der Platz hinter der Theke der Alternativkneipe in der Lübecker Altstadt wurde Frau Winkelmanns Lebenszentrum. Das Hin und Her, die Musik, die besonderen Menschen in ihrem Lokal, das war so recht nach dem Geschmack der mittlerweile 30-Jährigen. Mareike Winkelmann genoss ihre Position in dieser dynamischen Welt, als der Mord an ihrer Tochter die Idylle zerriss. Tagelang, ja wochenlang diskutierten Mareike und Thomas mit Freunden im »Tipasa« den Fall. Die Mutter der kleinen Clara weigerte sich aber, vor der Kriminalpolizei Angaben zu machen und verkehrte nur über ihren Anwalt mit den Beamten. Ihr Verteidiger erhielt zudem den Auftrag, den Täter zu fragen, ob er für die Beerdigungskosten der kleinen Clara aufkomme. Als der festgenommene Günther Krämer mitteilen ließ, dass er sich zwar für den Tod des Kindes verantwortlich fühle, nicht aber für die Kosten, fand Frau Winkelmann »das ganz schön mies«.

Bei der Diskussion mit Freunden kam auch der Gedanke auf, den Mörder der kleinen Clara zu töten. Inwieweit konkrete Pläne entwickelt wurden, konnte später aber nicht mehr festgestellt werden. Mareike Winkelmann hatte jedenfalls schon lange vor Prozessbeginn eine Pistole, Beretta 5,65 mm, mit sorgsam ausgefeilter Seriennummer in ihrem Besitz.

Als der Prozess gegen Günther Krämer begann, bereitete sich Mareike Winkelmann sorgsam vor, studierte die Akten, nahm Fotokopien mit nach Hause und schaute den Band mit den Fotos vom Fundort der Leiche durch. Bereits am ersten Prozesstag hatte Mareike Winkelmann die geladene Waffe in ihrer Handtasche bei sich, doch niemand kontrollierte sie beim Betreten des Gerichts. Am dritten Tag des Prozesses ließ sich Frau Winkelmann von ihrem Lebensgefährten zum Grab ihrer Tochter fahren, dann ging sie zur Leichenhalle, wo sie ihr Kind zuletzt gesehen hatte. Schließlich hörte sie ein Tonband an, auf dem Claras Stimme festgehalten war. Kurz darauf fielen im Gerichtsgebäude die Schüsse, die Günther Krämer auf der Anklagebank des Schwurgerichtssaales zu Lübeck töteten.

Der Sensationsprozess

Der Prozess gegen die Kneipenwirtin Mareike Winkelmann wurde mit Spannung erwartet und das Publikum schon Wochen vorher durch die Medien auf das Verfahren eingestimmt. In einer Fortsetzungsserie offenbarten die Illustrierten den Lebenslauf der »schönen Gastwirtin« aus dem Lübecker Altstadtviertel mit den intimsten Details. Eine Woche vor dem ersten Verhandlungstag wandte das Zweite Deutsche Fernsehen 45 Minuten auf, um über den Fall zu berichten. Auf dem Markt von Lübeck interviewten die Reporter Bürger, die durchweg der Handlungsweise der Angeklagten Beifall zollten.

Der Beginn des Prozesses war auf den 2. November 1982 festgelegt. Es meldeten sich mehr Berichterstatter an, als es Plätze im Gerichtssaal gab. Die Hauptverhandlung wurde daher wegen des absehbaren Andranges von Reportern und Zuschauern, aber auch weil der Schwurgerichtssaal des Landgerichts gleichzeitig Tatort im anstehenden Fall war, in den großen Saal des Landbauamtes verlegt.

Neugierige standen schon Stunden vor Prozessbeginn vor dem Gebäude, um einen Zuschauerplatz zu ergattern. Mehr als 150 Berichterstatter aus dem In- und Ausland reisten an, um über den Prozess zu berichten. Als die Angeklagte Mareike Winkelmann in Begleitung ihrer drei Anwälte erschien, umringten sofort Reporter, Fotografen und Kameraleute die Gruppe.

Ein Blitzlichtgewitter brach los, nur zehn Minuten ließ der Gerichtsvorsitzende die Fotografen gewähren, denn während der Verhandlung war das Fotografieren und Filmen im Gerichtssaal strikt verboten.

Die Staatsanwaltschaft warf Frau Winkelmann vor, sie habe den auf der Anklagebank des Schwurgerichtssaals zu Lübeck sitzenden Günther Krämer aus drei Metern Entfernung von hinten und ohne ihn anzusprechen, somit also unter bewusster Ausnutzung seiner Arg- und Wehrlosigkeit mit sieben von insgesamt acht abgegebenen Schüssen getroffen und getötet. Das Gesetz kenne für eine solche Handlungsweise nur den Tatbestand des Mordes. Am ersten Verhandlungstag wurden Zuschauer und Reporter arg enttäuscht, denn schon nach einer kurzen Vernehmung der Angeklagten zur Person vertagte der Vorsitzende Richter die Verhandlung. Zwei Gutachter waren verhindert und nicht erschienen.

Am zweiten Verhandlungstag wartete die Verteidigung mit einem Überraschungsangriff auf. Sie beantragte in einem 41-Seiten-Papier die Einstellung des Verfahrens wegen »erheblicher Prozesshindernisse«. Einer der Anwälte begründete den Antrag damit, dass Frau Winkelmann nicht mit einem fairen Prozess rechnen könne, weil die Lübecker Justiz in den Fall Günther Krämer »schuldhaft verstrickt« sei. Der Verteidiger warf den Justizbehörden vor, dass der 1976 aus freiem Willen im Landeskrankenhaus Neustadt kastrierte Günther Krämer mit Wissen der Lübecker Justiz von einem Urologen mit Hormonen behandelt worden sei, die die Kastration gewissermaßen wieder rückgängig gemacht und die Triebhaftigkeit des Mannes wieder hergestellt hatten. Ohne diese von den Richtern genehmigte medizinische

Behandlung des Krämer hätte es das Opfer Clara Winkelmann und schließlich auch die Angeklagte Mareike Winkelmann nicht gegeben. Indem die Richter der Hormonbehandlung zugestimmt haben, sei Krämer »durch staatliches Handeln zu der Tat an der Tochter der Angeklagten provoziert worden«. Die Lübecker Justiz habe »grob fahrlässig den Sexualtäter Günther Krämer auf dem Weg zurück in die Straffälligkeit geholfen«, und sei somit »Nebentäter« der Tat der Mareike Winkelmann geworden. Der Strafanspruch sei daher »verwirkt«. Die Staatsanwaltschaft wies den Antrag der Verteidigung zurück.

Am dritten Verhandlungstag kam endlich die Angeklagte zu Wort. Mit ruhiger, leiser und gefasster Stimme berichtete sie von ihrer Kindheit und Jugend und über ihr Verhältnis zu den Eltern und dem Stiefvater. Als der von der Staatsanwaltschaft bestellte Gutachter von der Angeklagten wissen wollte, ob sie bereit sei, auf Fragen zu antworten, verneinte Frau Winkelmann. Der Verteidiger erklärte, seine Mandantin habe kein Vertrauensverhältnis zu dem Psychiater entwickeln können, der Gutachter sei nicht neutral genug, weil er seit Jahren für die Staatsanwaltschaft in Lübeck Gutachten erstelle. Auch gegenüber dem Ankläger verweigerte Frau Winkelmann die Antwort, der Staatsanwalt sei bislang allzu parteiisch gegen sie vorgegangen, begründete der Verteidiger das Verhalten seiner Mandantin.

Während des Prozesses erschien in einer Illustrierten ein groß aufgemachter Artikel, in dem eine Frau, die mit Mareike Winkelmann im Untersuchungsgefängnis zusammen gewesen war, die Angeklagte schwer belastete. Die Frau bekundete, dass Frau Winkelmann im Gefängnis mit der Tat geprahlt und gern und ausführlich über ihre Schüsse auf den Mörder ihrer Tochter gesprochen habe. Anderen Frauen im Gefängnis habe sie sich mit den Worten vorgestellt: »Kennt ihr mich nicht? Ich bin doch die, die den Mörder ihrer Tochter erschossen hat!« Zudem bekannte Frau Winkelmann der Mitinhaftierten gegenüber, die Tat gemeinsam mit ihrem Freund Thomas Ludwig geplant zu haben.

Die Belastungszeugin erklärte weiter: »Frau Winkelmann stellt sich wahnsinnig in den Vordergrund. Sie ist eine Frau, die nur erzählt. Was andere zu sagen haben, interessiert sie nicht. Ihre Tat hat sie nicht bereut, nein, sie hat sie irgendwie toll gefunden. Sie ist auch der Meinung gewesen, dass sie für die Todesschüsse nicht ins Gefängnis gesteckt werden kann, weil ja die Bevölkerung hinter ihr steht. Frau Winkelmann hat mir erzählt, dass sie aus der ganzen Sache viel Geld herausschlagen werde. 40 000 Mark seien bis Juli 1981 bereits an Spenden aus der Bevölkerung zusammengekommen, und während der einwöchigen Haftverschonung habe sie mit einem Hamburger Magazin einen Vertrag über 100 000 Mark für die Erzählung ihrer Lebensgeschichte abgeschlossen.«

Die Informantin der Illustrierten wurde ausfindig gemacht und als Zeugin vernommen. Die Frau blieb bei ihren Aussagen und erzählte dem Gericht von ihrem Zusammensein mit Mareike Winkelmann im Gefängnis. Die Verteidigung sah durch die Eröffnungen der Belastungszeugin ihre Strategie gefährdet und versuchte, die Glaubwürdigkeit der Zeugin zu erschüttern. Die Frau musste zugeben, dass sie gegenwärtig von Sozialhilfe lebe und in finanziellen Schwierigkeiten sei. Sie gestand auch ein, schon 14 Vorstrafen zu haben, unter Tränen bekundete sie am Schluss ihrer Vernehmung: »Ich habe hier nur die Wahrheit gesagt.«

Noch einmal und recht ausführlich wurde auf Antrag der Verteidigung auf die Verstrickung der Justiz in den Fall Günther Krämer eingegangen, dazu vernahm man Richter und Staatsanwälte als Zeugen. Die Verteidiger versuchten immer wieder den Fall so darzustellen, dass das siebenjährige Mädchen noch leben könnte, und Frau Winkelmann nicht als Angeklagte wegen Mordes vor Gericht stehen müsste, wenn die Justizbehörden den sicher untergebrachten Günther Krämer nicht freigelassen und der gefährlichen Hormonbehandlung zugestimmt hätten.

Mitte Dezember 1982 bekam der Prozess gegen Mareike Winkelmann eine neue, unerwartete Dimension. Die Hamburger Illustrierte, die den Fortsetzungsbericht über das Leben der Mareike Winkelmann veröffentlicht hatte, präsentierte das Buch »Claras Mutter«. In diesem Buch, das in enger Zusammenarbeit mit Mareike Winkelmann entstanden war, fanden sich auch acht Briefe, die die Angeklagte aus der Lübecker Justizvollzugsanstalt an ihren Lebensgefährten und Vater der ermordeten Clara geschrieben hatte. In den Briefen bezeichnete sich Frau Winkelmann als eine »Jeanne d'Arc« und versicherte, sie würde die von ihr begangene Tat immer wieder tun, auch wenn »sie letztlich dabei draufgehen würde«. In einem anderen Teil der Briefe hieß es: »Selbst wenn ich mich noch aufhängen sollte oder mich zu Tode hungre, ich stehe voll und ganz dazu.«

Für den Anklagevertreter war dieses Buch eine Fundquelle. Die Verteidigung veranlasste daher schnellstmöglich, dass Mareike Winkelmann die Genehmigung zur Veröffentlichung zurückzog. In der Verhandlung verwiesen die Rechtsanwälte darauf, dass die Briefe in einem psychologischen Ausnahmezustand ihrer Mandantin verfasst worden seien. Im Übrigen sei mit dem Autor des Buches vereinbart worden, vorerst nur die Lebensgeschichte von Frau Winkelmann bis zur Tat abzudrucken.

Mit der Verlesung der Gutachten über das Seelenleben der Angeklagten ging das Verfahren in die entscheidende Runde. Hier war die Rede von »einer neurotischen Persönlichkeit, fehlender Mutterliebe, zerstörter Familie, kaputter Jugend, enttäuschenden Partnerbeziehungen, extremen Schwankungen des Selbstwert- und des Lebensgefühls zwischen Depressionen und spontanen Aggressionen, tiefgreifender Zwiespältigkeit, Minderwertigkeitskomplexen, Ehrgeiz, Bedürfnis nach unmittelbarem Lustgewinn, der Flucht in Wunschträume und von mangelnder Entwicklung eines geordneten Systems geistiger Orientierung«.

Die Angeklagte sei unfähig gewesen, aus menschlichen Pannen und Enttäuschungen zu lernen, führte der Psychiatrieprofessor aus. Nach dem Tod der kleinen Clara habe sich das in ihr angelegte Aggressionspotenzial noch verstärkt. Dass Krämer ihre Tochter zu seiner Verteidigung quasi als »Verführerin« darstellte, musste die Frustration der Mutter noch erhöht haben. Weil ihr die Möglichkeit, Krämer zur Rede zu stellen, durch das Schweigen des Mannes im Prozess genommen worden sei, habe sie zu »instrumentaler

Hilflosigkeit« gegriffen, eben zu der Pistole, mit der sie den Angeklagten erschoss. Vermutlich habe sich Mareike Winkelmann durch ihre Tat unbewusst auch von einem schlechten Gewissen befreien wollen, weil sie sich nicht genug um Clara gekümmert habe. Der Gutachter erklärte abschließend: »Die Angeklagte war unfähig, aktive Trauerarbeit zu leisten. Die Rolle der einzigartigen Rächerin hat die Angeklagte erst im Nachhinein entdeckt. Eine psychische Erkrankung ist bei Mareike Winkelmann mit Sicherheit auszuschließen. Nach meiner Ansicht ist die Angeklagte schuldfähig.«

Eine andere Psychiaterin sprach davon, dass Mareike Winkelmann sich in einem »seelischen Ausnahmezustand« befunden habe, der zu einer spontanen Handlung führte, als sie im Gerichtssaal den Mann erschoss, der ihre Tochter getötet hat. Die Angeklagte habe nicht gelernt, ein geordnetes System geistiger Orientierung zu entwickeln. Niemand habe sie gelehrt, mit ernsthaften Problemen fertig zu werden. Das »Schillernde«, das man Frau Winkelmann bescheinigen müsse, sei Ausdruck einer neurotischen Ambivalenz, die sich sowohl in tiefen Depressionen als auch einem selbstbewussten Aufbegehren manifestiere. Mareike Winkelmann habe niemals eine eindeutige Identität entwickelt, in der sie hätte ruhen können. Die Pistole, die Frau Winkelmann seit Beginn des Prozesses gegen Günther Krämer mitgeführt hatte, habe ihr die Aura einer machtvollen Persönlichkeit verliehen, meinte die Psychiaterin und wertete diesen Umstand als Ergebnis einer irrationalen Einstellung zum Leben.

In seinem Plädoyer ging der Staatsanwalt vom Vorwurf des Mordes ab. Er begründete sein Vorgehen damit, dass aufgrund der psychiatrischen Gutachten die Anklage wegen Mordes fallen gelassen werden müsse. Wegen eines Verbrechens des Totschlags in Tateinheit mit einem Verstoß gegen das Waffengesetz beantragte der Anklagevertreter für Mareike Winkelmann schließlich eine Freiheitsstrafe von acht Jahren.

Die Verteidiger plädierten auf Freispruch für ihre Mandantin. Bei Frau Winkelmann habe zur Tatzeit eine »tiefgreifende Bewusstseinsstörung« vorgelegen, so wie es im § 20 des Strafgesetzbuches als eine Voraussetzung für Schuldunfähigkeit aufgeführt sei. Die drei Verteidiger mussten unter Polizeischutz sprechen.

Die ersten Reihen der Zuschauerbänke waren ausschließlich mit Polizisten besetzt, die Besucher wurden sorgfältig durchsucht. Der Hintergrund dieser strengen Polizeimaßnahme waren die in den vorangegangenen Tagen mehrfach eingetroffenen, anonymen Morddrohungen gegen Mareike Winkelmann. Einen zweiten Fall von tödlichen Schüssen im Gerichtssaal galt es dringend zu vermeiden.

Der Hamburger Anwalt Ulrich Hansen griff in seiner Verteidigungsrede noch einmal die Lübecker Justiz an: »Die Staatsanwaltschaft hat zwar in ihrem Plädoyer zugegeben, dass die Wiederherstellung der Triebstärke von Günther Krämer, der wegen mehrerer Sexualdelikte bereits kastriert worden war, durch eine von der Lübecker Justiz genehmigte Hormonbehandlung eine Fehlentscheidung gewesen sei. Diese Formulierung verkleinere aber Grad und Fülle der

Schuld einzelner Angehöriger der Justiz bis zur Unkenntlichkeit. Der Staat, verkörpert durch die handelnden Personen der Lübecker Justiz, hatte in seiner Wachsamkeits- und Sorgfaltspflicht versagt, und nur deshalb ist es zum Tod der kleinen Clara gekommen.« Nachdem er erneut die Einstellung des Verfahrens gefordert hatte, beendete der Anwalt seinen Vortrag voller Dramatik mit der Aufforderung: »Ersparen Sie meiner Mandantin jeden weiteren Tag Haft!« Das Schlusswort der Angeklagten war kurz: »Ich habe im Prozess alle Fragen beantwortet. Mehr kann ich dazu nicht sagen.«

Das Urteil

Nach viermonatiger Prozessdauer und insgesamt 28 Verhandlungstagen kam es im Verfahren gegen Mareike Winkelmann zum Urteil. Die mit drei Berufsrichtern und zwei ehrenamtlichen Schöffen besetzte Schwurgerichtskammer des Landgerichts Lübeck sprach die unterdessen 32 Jahre alte Kneipenwirtin Mareike Winkelmann eines Verbrechens des Totschlags in Tateinheit mit einem Vergehen gegen das Waffengesetz für schuldig. Man hätte das Fallen einer Stecknadel hören können, als der Vorsitzende Richter am Mittwoch, dem 2. März 1983, den Urteilsspruch verkündete: »Die Angeklagte wird wegen Totschlags in Tateinheit mit unerlaubtem Waffenbesitz zu einer Freiheitsstrafe von sechs Jahren verurteilt.«

In dem fast maskenhaft geschminkten Gesicht der Angeklagten regte sich kein Muskel. Auch im restlos überfüllten Gerichtssaal blieb jede Reaktion aus, kein Seufzer der Erleichterung, kein Ausruf der Empörung war zu hören, offenbar hatten die meisten Prozessbeobachter mit einem entsprechenden Urteil gerechnet.

In der Begründung stützte sich die Schwurgerichtskammer weit gehend auf die psychiatrischen Gutachten und auf das Plädoyer der Staatsanwaltschaft. Die Richter glaubten der Angeklagten, nicht langfristig geplant und vorsätzlich gehandelt zu haben, als sie am 6. März 1981 den Schlachter Günther Krämer, der ihre Tochter Clara acht Monate zuvor in seiner Wohnung erdrosselt hatte, im Schwurgerichtssaal erschoss. Ihre Entscheidung, den Sexualtäter zu töten, sei sozusagen zwischen Tür und Angel erfolgt. Der Vorsitzende Richter sagte bei seiner Begründung: »Die Angeklagte hat ein Gespräch im Flur zwischen Krämers Verteidiger und einem Richter missverstanden. Sie glaubte, Krämer wolle endlich aussagen und werde ihre Tochter Clara verleumden. In diesem Augenblick hat sich Mareike Winkelmann zum Töten entschlossen, nicht erst, als sie den damaligen Angeklagten auf seinem Platz erblickte. Es ist durch Zeugenaussagen erwiesen, dass Frau Winkelmann den Hahn der Pistole bereits vor Eintreten in den Gerichtssaal gespannt hatte. Die Erregung der Angeklagten und die Furcht vor einer Aussage Krämers rührte nach Überzeugung des Gerichts von dessen in den Polizeiprotokollen vermerkter Behauptung her, die Siebenjährige habe ihn quasi erpresst, indem sie ihm gedroht habe, zu erzählen, Krämer habe sie sexuell berührt, wenn er ihr nicht Geld gebe. Krämer war zum Zeitpunkt der Tat zwar objektiv gesehen arg- und wehrlos gewesen, die Angeklagte hatte dies aber nicht bewusst ausgenutzt. Damit entfällt das Merkmal der Heimtücke.«

Im Gegensatz zu den Verteidigern verneinte die Schwurgerichtskammer eine Bewusstseinsstörung bei der Angeklagten zum Zeitpunkt der Tat: »Sie befand sich in einem Gefühlszustand, der Bedeutung für ihre Bewusstseinslage hatte, und der zu einer affektiven Handlung führte. Schuldunfähig oder vermindert schuldfähig aber war Frau Winkelmann nicht, das Bewusstsein der Angeklagten nicht so stark gestört, dass die Überschreitung der Schwelle einer so hohen Gebotsnorm wie der Tötung eines Menschen gegeben war.« In seiner weiteren Urteilsbegründung bezeichnete der Vorsitzende Richter die Angeklagte Mareike Winkelmann als eine schwer zu erfassende Persönlichkeit mit einer von der üblichen Moralvorstellung abweichenden Biografie. Das Verhalten der Frau musste von der Schwurgerichtskammer letztlich aber nach dem Grundsatz »im Zweifel für die Angeklagte« bewertet werden. Abschließend erläuterte der Gerichtsvorsitzende, dass es zwar ein »gewisses Übergewicht« an entlastenden Momenten für die Angeklagte gegeben habe, wie etwa den tragischen Tod ihrer Tochter, die Furcht vor einer Verleumdung des kleinen Mädchens durch Krämer und ihre ungewöhnliche Lebensgeschichte, dennoch müsse das Gericht im normalen Strafrahmen für Totschlag bleiben.

Das Gericht lehnte schließlich den Antrag der Staatsanwaltschaft auf Erlass eines Haftbefehls gegen Mareike Winkelmann ab. Nach Auffassung der Schwurgerichtskammer bestand keine Fluchtgefahr bei der Verurteilten. Der Richter begründete diese Ablehnung damit, dass Frau Winkelmann die zweimalige Aussetzung des Haftbefehls während der Untersuchungshaft und dem langen Verhandlungszeitraum von vier Monaten nicht zur Flucht genutzt hatte, obwohl sie unter Mordanklage stand. Unter Berücksichtigung, dass der nicht vorbestraften Verurteilten ein Drittel ihrer Strafe erlassen werden könne und unter Anrechnung der anderthalb Jahre Untersuchungshaft, errechnete der Vorsitzende Richter für Mareike Winkelmann noch eine Haftzeit von zweieinhalb Jahren.

Als die Angeklagte nach der Urteilsverkündung mit ihren Anwälten den Gerichtssaal verließ, surrten noch einmal die Kameras des Fernsehens, erhellte für eine ganze Weile das Blitzlichtgewitter der Pressefotografen die Szene. Dann erloschen die Lichter.

Nach dem Spruch der Richter standen die Zuhörer noch lange in Gruppen vor dem Gerichtsgebäude und diskutierten über Urteil und Strafmaß. »Für mich bleibt Mord eben Mord«, schimpfte einer, nach dessen Rechtsempfinden das Urteil zu milde ausgefallen war. »Ich hätte ihr mehr gegeben«, ergänzte ein anderer Prozessbeobachter. »Ich finde das Urteil gerecht«, sagte eine ältere Frau, die den Prozess von Beginn an im Gerichtssaal verfolgt hatte. »Ich auch«, bekräftigte eine andere Frau, »nur das Strafmaß erscheint doch ein wenig zu hoch.«

Der Prozess gegen die 32-jährige Kneipenwirtin Mareike Winkelmann war zu Ende. Mit nahezu stoischer Ruhe hatte die Frau das Strafverfahren durchgehalten, das wie kaum ein anderes in der Geschichte der deutschen Justiz Aufsehen erregt hatte. Sensationslust, nicht nachlassende Neugierde, über das Vorleben der »Rächerin ihres ermordeten Kindes« mehr zu erfahren, das ständige Klicken der Fotoapparate, das Surren der Fernsehkameras beim Betreten des Gerichtssaales und eine Fülle von juristischen Überraschungen und Ärgernissen waren die Begleiterscheinungen dieses spektakulären Prozesses. Selten war das Innenleben einer Angeklagten und ihre persönliche Vergangenheit dermaßen intensiv ausgeforscht und präsentiert worden, wie im Falle der Mareike Winkelmann. Meinungsmacher hatten ihr willfähriges Publikum im Verlauf des Prozesses von einem emotionalen Extrem ins andere getrieben. Wurde die Angeklagte zu Beginn des Verfahrens noch als heldenhafte Vollstreckerin einer Art Volksjustiz gefeiert, so geriet sie im Verlauf der gerichtlichen Auseinandersetzung im Medienbild immer mehr zu einer hemmungs- und verantwortungslosen »Rabenmutter«.

Als Mareike Winkelmann das Gesetz in ihre eigenen Hände nahm, sprach niemand mehr von einem Opfer Krämer, da ihm ja nach dem Rechtsempfinden der meisten Bürger Recht geschehen war, als er im Gerichtssaal erschossen wurde. Alles drehte sich um die attraktive Gastwirtin Mareike Winkelmann. Gut aussehend und jung zu sein, ist ein Kapital in unserer Gesellschaft. Bedeutete es für Mareike Winkelmann auch einen Vorteil in ihrem Prozess? Wäre vor dem Lübecker Schwurgericht eine weniger attraktive Frau angeklagt gewesen, den Mörder ihres Kindes erschossen zu haben, hätte sie vermutlich bei weitem nicht diese Beachtung und ein so großes Verständnis gefunden, wie die hübsche Mareike Winkelmann. Das eherne Prinzip, das vor dem Gesetz jeder gleich ist, sollte nicht nur für Richter und Staatsanwälte eine Richtschnur sein. Es bestanden Zweifel daran, dass dieses Prinzip im Verfahren gegen Mareike Winkelmann von den Medien und vielen Zuschauern beachtet worden war. Spielen aber Alter und Schönheit auch im Strafprozess eine Rolle, dann steht es um das Rechtsgefühl vieler Menschen schlecht. Es war schon seltsam, die Bestrafung des noch nicht verurteilten Günther Krämer mit dem Tod billigend hinzunehmen, aber für die Mutter, die vor aller Augen tötete, einen Freispruch oder höchstens ein mildes Urteil zu verlangen.

Der Mord an einem wehrlosen Kind wühlt die Öffentlichkeit stets viel tiefer auf als andere Verbrechen. Wer könnte denn nicht nachempfinden, wenn eine Mutter in diesem Fall in eine Verzweifelungstat getrieben wird? Aber das Gefühl einer Mutter zu verstehen und ihr zuzubilligen, selbst das Todesurteil über den Täter zu vollstrecken, ist zweierlei. Selbstjustiz wie diese würde das Ende unserer Rechtsordnung bedeuten. Das Gericht war daher verpflichtet der Mutter Mareike Winkelmann das von ihr usurpierte Recht wieder zu entreißen und dorthin zurückzubringen, wo es hingehört, unter das Dach des Gesetzes.

Aber ob die Tat der Mareike Winkelmann überhaupt eine Verzweifelungstat war, konnte bezweifelt werden. Der Verdacht, dass die Kneipenwirtin geplant und nicht aus Rache, sondern aus Eitelkeit und Geltungsbedürfnis geschossen hatte, ließ sich bis zuletzt nicht ganz ausräumen. Zu einer Richterschelte bestand indes nach dem Urteil in diesem Falle kein Anlass. Der Strafausspruch von sechs Jahren Freiheitsentzug fiel vergleichsweise maßvoll aus, ohne dass Frau Winkelmanns Handeln damit unzulässig bagatellisiert wurde.

Dass sich Mareike Winkelmann nach dem Prozess mit einem neuen Lebensgefährten in einem Ostseebad amüsierte, mag manchen befremdet haben. Dass die Frau, aus dem Fall Geld geschlagen hatte, und dass »Die Mutter, die Rache nahm« gar verfilmt wurde, mag viele Menschen in ihrem Rechtsgefühl irritiert haben, in einem liberalen Rechtsstaat müssen solche Vorkommnisse aber toleriert werden.

1985 wurde Mareike Winkelmann aus der Strafhaft entlassen. Sie streunte durch die Welt, kehrte aber immer wieder nach Lübeck zurück. 1996 starb Mareike Winkelmann auf der Urlaubsinsel Mallorca 46-jährig an Bauchspeicheldrüsenkrebs ihr monatelanges Sterben ließ sie von einem befreundeten Kameramann filmen.